段泓冰 /著

图书在版编目（CIP）数据

赢在行动学习 / 段泓冰著. -- 2版. -- 北京：北京联合出版公司，2018.4（2023.7重印）
ISBN 978-7-5596-1614-2

Ⅰ.①赢… Ⅱ.①段… Ⅲ.①企业领导学 Ⅳ.①F272.91

中国版本图书馆 CIP 数据核字（2018）第 015665 号

赢在行动学习（第 2 版）

作　　者：段泓冰
出 品 人：赵红仕
选题策划：北京时代光华图书有限公司
责任编辑：李　红　徐　樟
特约编辑：卢倩倩
封面设计：新艺书文化
版式设计：曾　放

北京联合出版公司出版
（北京市西城区德外大街 83 号楼 9 层　100088）
北京时代光华图书有限公司发行
北京晨旭印刷厂印刷　新华书店经销
字数 212 千字　787 毫米 × 1092 毫米　1/16　16.5 印张
2018 年 4 月第 1 版　2023 年 7 月第 3 次印刷
ISBN 978-7-5596-1614-2
定价：58.00 元

版权所有，侵权必究
未经许可，不得以任何方式复制或抄袭本书部分或全部内容
本书若有质量问题，请与本社图书销售中心联系调换。电话：010-82894445

推荐序 1

行动学习与领导力发展实践启示

GE克劳顿村领导力发展中心大中华区原负责人
平安大学原执行副校长 姜宏宽
加拿大约克大学国际政治经济学博士

在我国当下的企业培训与发展中,"行动学习"(Action Learning)的推广可谓如火如荼:从解决企业发展战略决策,到制订部门运营计划;从实施组织变革创新,到解决团队成员职业生涯发展瓶颈;甚至到组织内部化解团队与个人之间的矛盾,改善人际关系,大有无所不能之势。

早在20世纪西方热衷于"行动学习"的方法时,克里斯蒂娜(Krystyna)就断言:尽管大家都称自己在运用行动学习的方法,以达到各自设定的解决问题目标,但并不是所有的方法都是真正意义上的"行动学习"。她引用瑞文斯(Revans)关于构成行动学习的四个不可缺少的环节来衡量上述行为的真伪。这四个环节分别为:实际问题选择、解决问题的行动/过程、反思总结和行为改变。由此可知,行动学习的核心是学习,运用此方法的人可以通过解决当下问题的过程,来重新发现自我,提升自我。

尽管有关"行动学习"的范畴界定、方法体系划分的争论仍在继续，但对企业的实践者来说，当下最急迫需要解决的是我们应该从哪里开始，如何选定学习问题，如何设定学习目标，如何选择合适人员参与，如何实施推动，如何确保达成既定学习目标等。

段泓冰老师结合多年的企业实践，从在不同行业、不同规模的企业推动行动学习的实践中，聚焦如何解决团队能力、提升管理绩效两大核心问题，提供了大量企业实践案例。因此，段老师的《赢在行动学习》是很实用的实践案例总结。

行动学习通常指团队互动中的学习、实践、再学习过程。美国通用电气公司（GE）被公认为推动行动学习实践的标杆，其在实践中形成了两种不同类型的"行动学习"。

一种是群策群力，以解决部门中或跨部门间的某一特定问题为核心，选择合适员工参与，组成任务团队，集思广益，形成解决方案，获取上级认可，制订行动计划，后续跟踪落实，最终进行评估总结。

另一种是克劳顿体系内领导力发展课程中的行动学习模块，为受训学员提供工作中不常有的挑战机会，鼓励他们运用所学知识和技能，从不同角度分析上级选定的、当下业务领域存在的真实问题，提供解决思路，制订行动计划，跟踪落实，评估结果（大多数领导力培训项目受时间制约，而把管理层确认的行动计划交给问题所属部门去评估、执行），最后是学习反思评估（多集中在思维方法、行为展现、团队协作、领导力技能等方面）。

GE推动的两种行动学习方法之间存在着相同点和不同点。

单就问题选择方面来看，二者都是以当下工作/运营中的问题为原点，都强调必须有组织核心领导者充当项目领导。但是，二者的侧重点并不一样：前者往往关注问题的解决，而后者注重学习的挑战性与可行性。记得2002年协助主持GE克劳顿村全球高级领导力课程（BMC）时，在GE新任CEO杰夫•伊梅尔特（Jeffrey Immelt）选定的 *GE Business in China* 总题目下，参与选定了10个子课题的过程，印象颇为深刻。在后来的过程中，作为项目经理，被邀请随学员前往克劳顿村，参加最后环节学员团队向公司董事长及执行层高管的汇报，并感受高管现场决策的过程。

除了问题的选择，两种方法的不同点还表现在以下几个方面。

首先，二者项目设计的思路与重点有别。前者紧紧抓住解决问题的目标核心，后者更加关注与其他领导力发展模块之间的逻辑关联，特别是对学员学习效果的影响。比如，群策群力中坚决反对把领导层不愿决策的问题拿到跨部门团队中来讨论，形成群体决定。群策群力主张选择由于机制、流程问题而产生的，长期悬而未决，但答案显而易见的运营问题。这样可以利用一线实际操作人员的智慧和经验，给参与人员以信心。领导力培训发展中的行动学习则相反，不能使用答案显而易见的问题来挑战学员，同时也反对把过去不成功的项目实践选定为行动学习案例。

其次，二者对时效性要求不同。前者依据业务发展计划及运营节奏来定（与问题紧急程度、资源投入相关），群策群力项目通常选定为3个月内结束，问题太大，时间跨度太长，涉及的层面过于复杂等，都不适用于工作在一线的员工做群策群力。而后者必须根据领导力发展项目的设计要求，通常在某一特定模块来聚焦一项或几项领导力能力学习与提升，在项目规定的时间内完成（从1周至3个月不等）。

最后，二者对项目参与者的选择标准不同。前者要求参与者对选定的问题有很高的关联度。例如，群策群力选定问题是解决某一工作流程的环节缓慢或不畅，参加者一定是来自该工作流程的实际操作者。领导力培训发展中的行动学习则不同，没有要求学员一定是来自相关工作领域，有时甚至特意选择没有关联的学员参与，鼓励尝试突破，跳出"舒服圈"，"创造"失败经历，因为领导力发展课堂是失败没有代价的"领导力提升实验室"。

综上所述，行动学习既是一个员工学习发展的过程，也是一个解决问题的过程，因此发展形成了许多特有的，或借用其他类似过程的方法和工具。比如鼓励人人有创意的"头脑风暴""世界咖啡"，分析问题的"鱼骨图"；比如利用群体教练方法，帮助提高自我认识的"鱼缸会议""私人董事会"；再比如，团队分工协作工具，团队决策流程等。这些工具和方法有些可能是行动学习特有的，但大多数都是具有共性的工作问题解决、项目/任务管理的工具或方法，并不因为这些工具或方法的使用，所有活动都成了行动学习。同理，并不是所有使用"头脑风暴"工具的场合，都成了特指的"群策群力"。

行动学习不仅仅指在团队氛围中个人通过实践来获得学习能力提升的过程，通常情况下更重要的是指团队整体通过行动实践获得能力提升的过程。因此，团队的实践过程往往离不开会议过程，项目成员坐在一起，集中精力，聚焦一个或几个问题，经过碰撞，思想交流，突破创新，从而形成一致。这个过程中的"主持协调"（Facilitation）技能变得尤为重要，Facilitation的英文原意是指帮助群体互动达成一致的特定过程，使过程本身变得容易。

在互联网技术普及的今天，管理人员与员工之间，以及员工相互间的信息不对称状况获得了根本性改变，团队成员间如何达成一致对高效执行变得比任何时候都更加重要。因此，领导力技能中的协调技能（Facilitative Leadership）成为核心，也是互联网时代领导力发展的重点和焦点。

推荐序 2

激发群体智慧之道

蜂窝私人董事会创始人　张建春

由于长期从事商界的媒体工作,我经常参加企业家的聚会,进而发现很多参加聚会的人都和我深有同感:大家吃吃、喝喝、聊聊,表面上看起来挺热闹,但是聚会结束后发现,也没什么特别的收获。久而久之,很多企业家除了必要的联谊,也就不再愿意浪费时间在这样的聚会上了。如何才能提高聚会的质量,让聚会发挥应有的价值呢?这个问题一直萦绕在我的心里。

几年前,我在一家面向企业家的杂志工作期间,开始接触到"私人董事会"这种企业家学习形式。它让我很惊喜,我也极力推动把它引进浙江,因为这里有中国最多的商人群体。从2013年开始,我在微信群里模拟私人董事会的形式,组织企业家在网络空间里进行分享交流,并在年末开始了自己的创业生涯,创建了一个充满活力的企业家社群——蜂窝私人董事会。这个社群最重要的任务就是聚合商人,构建一个O2O的"脑联网",整合大家的智慧、资源和资本,为大家服务。

在线上和线下的活动中,我们遇到的最大挑战,就是如何把一批企业家的智慧激发出来，甚至达到凯文·凯利的《失控》中所说的"涌现"那样美妙的境界？

让我们回到私人董事会的本质。实际上，私人董事会有一个非常重要的流程化设置，保证了一批习惯于在自己的公司里指手画脚的牛人，也要在一种秩序下进行平等地分享讨论。我们常常遇到的情形是，当问题所有者提出问题后，一些私人董事会的参与者往往习惯于马上提出自己的解决方案，而对提问环节并不重视。但是，实际上，从不同维度观察、分析问题，也就是提问本身，应该是私人董事会最大的价值。问题提对了，往往答案也就出来了。而规范的私人董事会，恰好保证了这样的提问环节能够有效地展开。

商学院的教育培训，从纯理论的学习到对他人的案例学习，已经很难满足企业家学员的需求。在自己的具体商业实践中进行学习，成为大势所趋。在这样的背景下，行动学习提供了非常好的理念和具体的操作技术。比起以提高个人能力的教练技术来，行动学习应该能更有效地激发群体智慧，提高群体能力。行动学习中关键的提问、质疑、反思、群体决策、有序讨论、促进团队共识、执行的技能，让企业家在私人董事会和其他商务聚会中，体验到有效互动的价值，也让大家学会如何促动团队，激发团队的内生智慧。

在蜂窝私人董事会组织的一些商务聚会中，我们有幸邀请到段泓冰老师作为促动师主持了几场聚会。在段老师的引导下，参与者得以充分挖掘自己的内在智慧，与他人的智慧快速同步连接，并藉由一些促进多元角度思考、群体决策的思维工具，产生了很多突破式的创新想法。这也就是我们希望达到的"涌现"局面。由于参与者明显感受到聚会的质量有效提升，很多人纷纷要求报名参加促动师的培训学习。

当然，行动学习不仅仅是帮助大家促动群体智慧。但是，仅就这一点来说，我们就已经受益匪浅。我们在社群和社交平台上发起的各类商务聚会，开始越来越多地请到促动师，采用促动技术来提升我们的聚会质量。相信会有更多的人认识并采用行动学习和促动技术，解决实践中遇到的各类难题。

推荐序3

九个工具,九个案例,必有一款适合您

《行动学习歌》创作者
《行动学习:组织能力提升新境界》作者　顾增旺
国际行动学习协会(WIAL)行动学习团队教练

从《行动学习:再造企业优势的秘密武器》到《行动学习:组织能力提升新境界》,再到《赢在行动学习:风靡全球的领导力提升第一法宝》,历时十年时间,中国人完成了行动学习从导入("突破传统培训瓶颈的曙光"),到定位("同时提升绩效和能力的方法论"),再到落地("管理者常用的九种促动技术")的三部曲,正式标志着行动学习在中国这片最有活力的热土上已经落地生根,为中国企业在21世纪引领世界经济提供了方法论和操作工具,同时也是对世界范围内行动学习理论与实践的丰富和发展。

段泓冰老师所著《赢在行动学习》作为三部曲的收官之作,具有以下三个鲜明的特点:

第一,超越培训的事务性职能,让真正需要行动学习的人做行动学习。

光靠培训部门推进行动学习?那你还活在十年前。这样做的结果就是行动学习落地仍然是句空话。近几年,行动学习方面书籍的出版方兴未艾,大多数出版物仍然从企业培训与发展的视野出发，以企业大学校长、培训中心主任、培训经理和培训公司顾问及讲师等培训从业人员为目标读者。这样虽然能够做到迅速导入，但导入以后的实施并不顺利，甚至会陷入僵局。究其根本原因，就在于行动学习是要解决企业现实业务难题的。谁遭遇到业务难题，谁才是"苦主"；让不是"苦主"的培训部门去解决业务问题，无异于隔靴搔痒。

段老师从21世纪管理者已经沦为五"累"分子的现实出发，将《赢在行动学习》一书的目标读者定位为企业的各级管理者，让真正需要行动学习的人做行动学习，解决自身的业务难题从而"脱离苦海"。同时，管理者还可以通过在行动学习中实操具体九项行动学习促动能力（提问力、共识力、对话力、反思力、行动力、幸福力、愿景力、创新力和互助力），使领导力转化成具体操作行为。

第二，以团队能力和绩效为核心，提出了行动学习团队为王。

行动学习大师马奎特指出：行动学习同时作用于个人、团队和组织三个层面，使组织全面转化成"一个学习系统"。如果将组织比喻成人体，团队就是组织的腰部；如果不在团队学习上下功夫，那样的行动学习就是被"腰斩"的行动学习。

阿里巴巴近期可谓无限风光，吸引了全世界的眼球。神马不再是浮云，而是"马云"。这片"马云"是什么？非"十八罗汉"莫属。有远见的个人英雄需要反思了，需要放下个人主义，与其他人才通力合作，打造团队学习的文化，以团队能力和绩效为核心，培养管理者掌握行动学习促动技术，构建一个激发群体智慧、群策群力的组织。

第三，九大行动学习促动工具通过了中国实践案例的检验。

虽然说《赢在行动学习》一书介绍的九大促动工具均来自西方，其在中国的行动学习实践中也获得了广泛应用，但系统地在一本书中进行介绍却是第一次。特别是通过本土化的案例进行诠释，更接地气，也更具有复制性。

九个工具，九个案例，必有一款适合您。以此为推荐！

推荐序 4

让促动技术走向千家万户

寓学于乐创始人/体验学习专家　张兆博

2011年年底，在上海某论坛上见到段老师，待她演讲结束到门口和她交谈，我们一见如故。当天，她改变了行程和我一起到杭州，和我的几个朋友一起喝茶畅谈，谈教育、促动技术、公益、自我认知……大家相谈甚欢。自此，我们成了很好的朋友，我也逐步参与到促动技术的学习与推广中来。

当时，我担任总经理的公司以拓展训练为主营业务。拓展原本属于一种体验性学习，体验结束后的讨论反思是非常关键的一步。而近年来拓展越来越成为一种"类趣味体育活动"，培训师很少引导、启发，发问的意识和技巧都在下降。段老师给我讲到聚焦式会话法（ORID）时，我的眼睛马上就亮了——这就是我想要的东西。于是，认识段老师不到一个月，我就请她为我们公司的培训师上课，讲授聚焦式会话法和世界咖啡。后来，我又请她做促动师，引导我们新年度的战略会议，结果好评如潮。

我非常看重促动技术作为一种结构性工具的力量，只要理解促动的内涵并严格按照流程操作，一位年轻的促动师依然能和参与者一起创造出较好的成果。因此，我安排公司骨干参加了促动技术培训。现在，他们中的很多人已能在工作中熟练地使用促动技术，大大增加了学员的体验和收获。我自己把促动技术多次应用于商业组织的研讨、政府部门会议、自己创业公司的战略目标制定和分解等，每次都得到参与者很好的反馈，自己也学到了很多。

段老师的愿景是要让一亿人学会促动技术，让促动技术走进广大中国社会、社区。当时听到这些，我觉得她有些理想化。几年过去了，她发起的WFA（国际促动师协会）中国已经有十几家分会，这些分会遍布全国，汇集了很多促动技术的实践者。这些实践者和其他引导技术实践者一起把促动技术广泛地应用于社会、经济、公益等各个领域。

我在实践促动（引导）技术时，不断感知到这项技术背后的精神，"平等、参与、尊重多样性、相信每个人本身就有改变资源的能力、对话协商"，这不正是我们想要的未来吗？我相信在我们身边，深刻而巨大的转变正在发生，而促动（引导）会加快这一进程。

最后，我想说说段老师这个人。她很真诚、认真，甚至有点单纯，也有点"理想化"，而这恰是她能推动促动技术传播的重要原因。她这个人本身就是促动技术精神的写照，身心一元。

自 序

在简单真诚的对话中共同成长

段泓冰

在我们生存的这个世界里,眼睛看不见的东西往往主宰着眼睛看得见的;眼睛看得见的东西在影响眼睛看不见的。譬如,眼睛看不见的空气主宰着眼睛看得见的人体,眼睛看得见的事情影响着眼睛看不见的心智模式。那么,是哪些看不见的东西主宰了企业组织看得见的战略落地和绩效达标呢?又是哪些看得见的事情,比如管理者的哪些看得见的行为,又反过来影响企业组织看不见的内在生命力呢?一定有各种专业的答案。而我想给出的答案是:简单真诚的对话。

我们看不见的内在智慧决定了对话的质量。反过来,对话这种看得见的行为,又影响了每个对话者看不见的心智模式。而简单真诚的对话带来的群体心智模式的改变,直接决定了企业组织看不见的内在生命力的成长。

企业组织的各种表象问题,战略、变革、文化、绩效、品牌、执行力、团队协作的成功,无一不是利益相关者有效对话的结果。

有效对话在人类发展的进程中,是眼睛看不见的内在智慧与眼睛看得见的各种结果之间最实在、最重要的连接行为。

行动学习的过程,需要让参与者聚焦真实问题,通过促动技术(Facilitation Skill)来进行轻松、有序、高质量的对话,从而运用、连接内在的智慧解决自己的问题。

既然如此,行动学习参与者如何做才算是进行了有效对话呢?如何在对话中共同成长呢?

在与上至企业家,下至各级管理者的对话过程中,我深深感受到他们在直面问题和解决问题中受到的各类精神折磨,以及由此带来的痛苦感与不幸福感。十几年来浸泡在成人学习领域,我深知:这种精神上的折磨不是传统讲授、鸡血培训、游戏教学可以解决的。

而行动学习提供了这样一种切实可行的解决方式。行动学习本身并不复杂,就是一次又一次人与人之间简单、真诚、有效的对话。从最初的聚焦真实问题开始,就是人与组织之间的对话:组织发生了什么问题?我们需要做些什么?

不仅如此,行动学习也帮助企业各级管理者停止使用自以为是的方式独断专行地解决问题。因为,通过行动学习,他们开始从内心意识到:"不能再这样下去了,我们需要展开对话,坦诚地面对问题,释放自己内在的声音,连接自己内在的智慧来真正触碰核心问题,面对自己不敢面对的真相。否则,我们会在错误的解决方法上滑得更远,摔得更惨。"

促动技术是一套让管理活动变得简单的、基于心理学和行为学而产生的对话流程和框架。管理者的日常活动由各种形式的对话构成。如开战略会这种高级的多人对话行为,布置绩效任务这种常规的团队对话行为,如果期望得到理想的效果,就需要基于人类心理与行为规律来设计对话过程。

对话的过程包含四个基本行为,即提问、聆听、观察、表达。而人类基本的心理行为规律也包含四个基本步骤:接收信息、产生情绪、解释含义、做出决定。由此可见,要获得有效的对话成果需要与人类的基本心理行为契合。此前,国际上已经有上百种促动技术成功地证明了这一点。所以，简单点说，促动技术就是让对话变得轻松、有序、高质量的步骤与方法。

这也就不难理解"促动师"这一新鲜职位的职责了。促动师主要是在各种群体互动中，如会议、行动学习研讨时，促进参与者进行简单、真诚、有效的对话，从而有效地聚焦问题，达成共识，获得参与者共同想要的行动计划的专业人士。有促动师的会议，更容易让大家参与，更容易激发出参与者的热情，让有序讨论变得更为简单，让会议结果皆大欢喜，让行动计划必定产出。

不过，需要注意的是，促动师并不提供答案，而是通过促进参与者连接内在智慧产生了这些成果。也就是说，促动师起到的是"接生婆"的作用，"孩子"是参与者们的，可能由于各种原因"难产"，而这个"接生婆"通过提出一系列精心设计的、有步骤有架构的问题，让众人智慧聚合而成的"孩子"顺利降临人间。

许多位列世界500强的企业都要求入职两年的员工必须掌握促动技术，其为管理者开展的领导力项目都必须是以行动学习导向的。而我国许多企业管理者连"促动技术"四个字都没有听说过；大批的管理者还坐在各类商学院教室、酒店会议室、企业培训室的课桌前，表情淡漠地聆听各类专家讲授领导力、管理技能课程。

如何让管理者改变这种不合时宜的学习模式？如何让企业管理者的管理与领导技能真正与国际接轨？如何不再"坐而论道"，而是"知行合一"？

WFA为有各种需求的企业家、管理者、HR、内训师、咨询公司、讲师、咨询师、高校老师，毫无保留地提供了学习机会。在这里，无论是来学习促动技术，还是想要成为专业促动师的，WFA均不设壁垒，而且鼓励大家自己玩转行动学习。

为什么？因为WFA的核心价值观是：简单、真诚、正己、助人。我们在做一件对人类有意义的事情：促动技术带来的简单真诚的对话结果，不仅让各级管理者与员工解决了问题，更重要的是缓解了人们之间因不良对话行为产生的各种精神痛苦，让参与者反思自己在工作与生活中，如何藉由简单真诚的对话行为，改善与周围的人，包括上司、下属、同事、朋友、亲人、爱人、孩子、父母在内的关系。

《赢在行动学习》这本书是写给管理者——行动学习的非专业选手看的。所以，我和WFA的伙伴们力求用通俗易懂的案例来帮助管理者理解：

第一，行动学习是基于管理者的需求而产生的学习法，最适合管理者，也是管理者最需要掌握的学习法；

第二，促动技术是管理者必备的管理技能，管理中的各种难题都有对应的促动技术来让它变得简单；

第三，促动师是让各种对话变得轻松、有序、高质量的专业人士，如果你的公司、你的团队里没有，一定要想办法培养认证至少一名专业选手。

本书是WFA的众多认证促动师合力完成的。书里面的案例、促动技术、插图分别由WFA的认证促动师及我们合作的图像促动师提供。我希望，大家记住WFA这个团队，而不是我个人。WFA的许多认证促动师可能还不够大牌，但是必定够专业，也有很多实践经验。与此同时，WFA还在源源不断地培养更多的认证促动师，请放心大胆地和他们联系与合作。

最后，我要诚恳地感谢所有支持本书完成的伙伴，包括参与本书撰写的认证促动师，为本书提供案例分享和建议的学员，为本书提供各种发自内心推荐的伙伴，WFA各地支持我们的会员和亲人，长期以来以不同方式支持WFA成长的各界人士；还有一直默默支持我的先生和家人。感谢你们一路的陪伴与包容。

于杭州·临安·观心斋

目录

PART
第一篇

行动学习：团队能力与绩效双提升法宝

第一章 为何众多 CEO 青睐行动学习
CEO 运用行动学习促进组织发展　/005
团队能力与绩效双提升法宝：行动学习　/006

第二章 为何管理者需要行动学习
21 世纪管理者已沦为五累分子　/021
管理者 21 世纪面临三大挑战　/029
打好高绩效的地基：学习与成长　/032

第三章 团队行动学习成功的三大关键
与团队一起聚焦真实问题　/037
建立快速连接群体智慧的对话流程　/040
让团队形成相互促进行为改善的氛围　/044

第四章　团队行动学习发生的地方：会议室

行动会议：从下达命令到聚焦、共识与行动的会议　/055

促动技术：有效激发团队智慧，提升整体执行力的团队管理

过程技术　/056

行动会议：在会议中学习，在学习中行动

第五章　行动会议第一步：聚焦问题

自我厘清：没有搞清楚问题是什么，解决的方案都是错的　/063

层层聚焦：如同剥竹笋一样提问　/066

养成提问习惯：提问引发思考，告诉引发争辩　/068

用提问开启团队行动会议之旅：自我对话，对话上司，对话

团队　/071

第六章　行动会议第二步：连接智慧

21世纪团队为王　/081

管理者常用的9种促动技术　/083

第七章　行动会议第三步：行动改善

落实计划：确保行动会议中的计划落地　/195

建立小组：在任务协作中实现能力成长与任务达成　/198

行动反思：行动学习小组共同成长的原动力　/202

PART 第三篇

在行动学习中修炼：正己化人，知行合一

第章 行动学习的中西方修炼

管人必先正己，理事还需合一 /219

明代大儒王阳明先生的"知行合一"与行动学习 /221

中国古代学习思想与西方行动学习实践 /224

行动学习：管理者自觉觉他的修炼过程 /228

后记 /231

参考文献 /233

推荐语 /235

PART
第一篇

行动学习：
团队能力与绩效双提升法宝

CHAPTER

第一章

为何众多 CEO 青睐行动学习

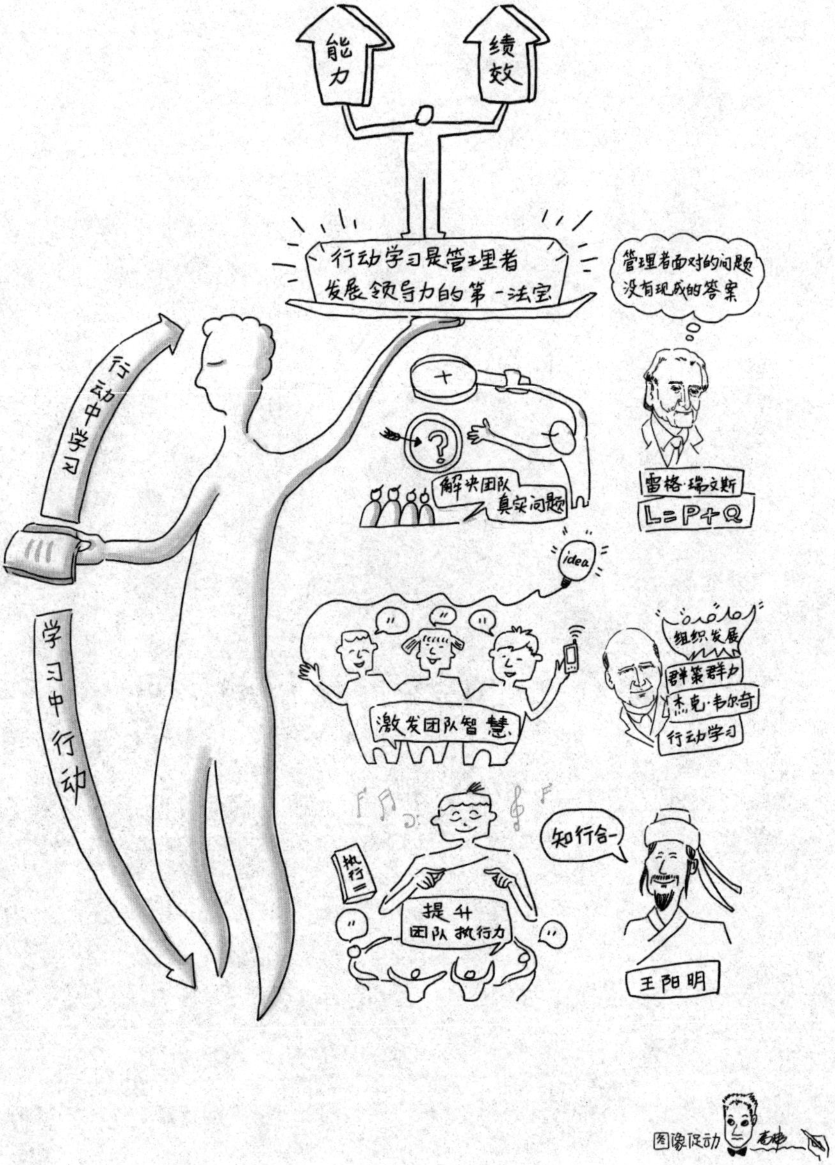

CEO 运用行动学习促进组织发展

为什么有"CEO 中的 CEO"之称的杰克·韦尔奇如此推崇行动学习?

在通用电气公司,无论是新上任的管理者,还是任职已久的总裁,他们参与的领导力发展项目都是基于行动学习理念设计的。自从 20 世纪 80 年代末开始推行基于行动学习思想的"群策群力"(Work Out)企业文化与会议流程变革之后,仅在国际业务方面,通用电气公司的市场占有率就从 18% 上升到将近 50%。无数企业对通用电气公司"数一数二"的战略顶礼膜拜,却很少有人知道:通用电气公司真正的制胜法宝是提升各级管理者领导力的行动学习法。

为什么卖饼干的郭士纳能让 IBM 这头"大象"跳舞?在佩服其个人领导魅力的同时,是否有人知道郭士纳还采用了什么方法?事实是:郭士纳在担任 IBM 的 CEO 后,通过行动学习项目建立起全球人际网络与学习网络,发展参与者战略性和全球领导能力,加强对 IBM 新战略方向的理解,以及新价值观的分享。

拉里·博西迪,风靡世界的《执行》一书的作者,在担任联信公司

CEO 的 9 年时间里，成功地将通用电气公司基于行动学习理念的群策群力企业文化与执行相结合，提炼出更加实用有效的企业执行系统。联信公司因此转型成功，连续 31 个季度实现每股收益超过 13% 的增长。

行动学习为何成为众多 CEO 最爱引入公司提升管理者能力的学习方法？为何成为众多管理者最喜欢的学习方法？为何成为众多企业在导入领导力培养项目时的首选？要将以上问题回答好，我们就需要了解一下行动学习的来龙去脉。

团队能力与绩效双提升法宝：行动学习

专为管理者开发的行动学习模式：带着真实问题学习，在学习中同步解决问题

早在 20 世纪 80 年代，欧美国家的企业管理者就开始面临"培训不能快速提升管理者能力与团队绩效"的窘境。如何才能破解这一窘境呢？大家耳熟能详的世界 500 强巨头，如通用电气公司、IBM、西门子、沃尔玛等公司的卓越 CEO 们，早已看到管理者的学习方式会对其团队能力与团队绩效产生重要的影响。也正是这种独特的眼光，使得他们在40多年前就选择了"行动学习"——一种重要的、同步提升团队能力与绩效的法宝。

行动学习到底是什么？为什么它会成为21世纪企业管理者促使团队能力与绩效双提升的法宝？为什么像杰克·韦尔奇、郭士纳都会选择它来提升管理者的领导力？

行动学习，从字面上很好理解：在行动中学习，在学习中行动。管理者可以通过行动学习法，快速聚焦团队的真实问题，促进整个团队一边行动学习，一边解决问题。最后，整个团队的能力提升了，问题解决了，绩效自然而然也就实现了。

可以这样讲，行动学习是管理者发展领导力的第一法宝，是管理者同步提升团队能力与绩效的第一学习法。

为什么这样说？原因有三。

原因一：行动学习能解决团队的真实问题。

请大家回想一下自己的学习经历，是否大体如下：学的时候觉得老师讲得很有道理，老师所讲其他公司的案例对自己也很有启发，但回到自己公司应用却发现很难实施，不是公司现有机制不够完善，就是员工能力跟不上。最后，新方法只试用一段时间就被束之高阁，而企业还是沿用着自己的老方法，没什么改变。

行动学习为什么会被众多世界500强企业的CEO、管理者青睐？其中一个非常重要的原因就是：行动学习过程始终围绕着公司或团队关注的问题进行探讨交流，所有导入的知识、技能、方法都是基于团队关注的问题进行选择的，团队协作能力在成员相互学习、共同成长的过程中得以大幅提升，问题也会自然而然地获得解决。

反观目前许多企业的管理培训，不是把管理者送去各大商学院学理论，就是请一位在网络搜索得到的、培训满意度超过90%的培训师来授课。学习的过程中，大家听课记笔记，既不讨论企业的真实问题，也不交流企业经营管理的经验。听完课，笔记本一扔，学习到此为止。至于学习是否能转化为管理绩效，谁也不知道。进入21世纪，管理者的手机可能已经是最新款，而学习模式却还停留在小学生时代。这是一种巨大的浪费！管理者浪费时间，企业浪费培训资源！

原因二：行动学习能有效激发团队智慧。

21世纪是团队为王的时代。企业面临的问题瞬息万变，很多时候需要团队协同作战才能得到完满地解决。这就意味着：只有激发并有效运用团队智慧，才能实现团队为王、协同作战，否则又将陷入"1+1<2"的怪圈。

以前的管理者可以随随便便回答员工提出的所有问题，现在的管理者却很难像前辈们那样随便给员工下命令，并充满自信地打包票："听我的，就这么干，肯定能完成绩效！"更多的时候，就是管理者自己也在心里暗暗打鼓："谁知道这样决策对不对？"而当需要借助团队智慧决策的时候，管理者又会发现：大家要么一言不发，要么七嘴八舌。这就使得决策迟迟无法形成。这时，管理者的心里可能会更加不安："这样的胡乱讨论根本没有任何作用，还不如我自己凭感觉来做决策。"

行动学习创造了一种人与人之间真诚对话的氛围。它强调在过程中以简单直接的方式进行对话；强调提出有洞察力的问题来促进参与者的反思，鼓励人们相互聆听对方的观点，包括在过程中观察自己的同伴，以便能给予对方真诚的反馈——有哪些促进团队成长的优秀行为，有哪些需要改善的行为；提醒每个人在表达的时候要坦诚说出自己内心真实的想法，而不要碍于面子，拐弯抹角，讲些让人听了摸不着头脑的话。

在这样的对话过程中，人们能够充分挖掘自己的内在智慧，与他人的智慧快速、同步连接，并借助一些简单有效的促进多元角度思考、群体决策的思维工具，从而产生突破式的创新想法。

原因三：行动学习能快速提升团队执行力。

在中国企业中，执行力可以说是个大难题。因此，只要和执行力提升有关的培训，十有八九都会受到关注。拉里·博西迪的《执行》一书曾经红遍中国大江南北。博西迪提出：战略、人员、运营流程这三个核心要素要有效地结合起来，关键在于执行，而执行的核心是一套具体的行为和技巧。

通用电气公司20世纪80年代的企业文化变革，正是基于行动学习理念的会议模式带来的。在群策群力会议中，参与者针对通用电气公司的问题进行研讨交流：第一步，管理者提出需要解决的问题，来自不同部门的员工直面问题，现场给出建议；第二步，管理者针对建议提出质询和挑战；第三步，自动产生问题负责人及群策群力小组，进行后续问题的解决；第四步，针对小组成员在解决问题过程中缺失的能力，公司人力资源部及时安排针对性培训。这样一来，无论是文化升级、企业变革方面，还是绩效提升、问题解决方面，通用电气公司都受益匪浅。

拉里·博西迪曾在通用电气公司工作34年，深谙群策群力之道。他在《执行》一书中提到："执行是一套系统化的流程，包括对方法和目标的严密讨论、质疑、坚持不懈地跟进，以及责任的具体落实。执行是行为上的巨大变革……只有当人们接受了足够的训练并经常实践时，执行的学问才能真正发生作用……领导者要提出一些一针见血的问题，如此才能推动企业的发展。"

团队执行力提升的关键在于团队能力的整体提升，能力的提升来自行为的改变，而团队行为改变的核心是团队整体心智模式的改变。对此，彼得·圣吉在其所著的《第五项修炼》中有细致的阐述。他提出，团队心智模式改变的核心因素之一，即基于团队共同关注的真实问题进行深度对话。而要促使团队进行一次真诚有效的对话，管理者至少需要拥有以下五种核心对话能力。

- 提问力：提出有洞察力的问题，促进团队成员分享经验；
- 对话力：营造合适的氛围，促进团队进行创新性思考与真诚对话；
- 共识力：促进团队成员求同存异，并达成非妥协的实际共识；
- 反思力：引导团队成员相互深度聆听，并内向思考，从而自省；
- 共行力：带动整个团队形成共识愿景，自动自发地产生行动计划。

时至今日，许多管理者主要的管理技能还是下命令、管控、告诉下属该如何如何。他们还没意识到：正是这种行为，造成团队执行力整体低下。其实，这是一个心理学问题。从心理学的角度来看，每个人都想要通过改变来提升自己，但又不愿意被别人改变。因此，直接下命令的结果常常会造成下属员工阳奉阴违，他们怎么可能有高效的执行力？

行动学习将会为管理者们解决这一难题。这是因为，行动学习的关键构成要素之一就是"在真诚的对话中直面问题"。管理者们如果想要真正实现团队能力与绩效的双重提升，就需要提升自己的对话能力。

遗憾的是，大部分管理者对于行动学习是非常陌生的，尤其对行动学习可以大幅提升团队整体能力和绩效更是深表怀疑。相比陌生的行动学习，他们更喜欢"短、平、快"的管理工具。殊不知，这种思维方式正是团队问题层出不穷的重要原因。

为了让管理者对行动学习产生更直观的认识，下面我们将以"平衡计分卡"这种方法为例来加以阐释。平衡计分卡是以团队学习与发展作为因，将财务指标作为绩效成果的。它最大的优点就是内在的逻辑关系非常清晰：要想获得好的绩效成果、漂亮的财务数据，就要关注客户满意度；要想提升客户满意度，获得市场占有率这个果，就要关注内部流程这个因；要想获得顺畅的内部流程这个果，就要关注学习与发展这个因，打好团队成长与发展这个地基。

目前，很多国内企业已经开始关注内部流程的建设了，但是对"如何促进学习与成长"的理解还比较肤浅,以为就是"送员工去听课"。实际上,学习与成长不仅需要关注员工的培养与激励,还需要关注企业内部的有效沟通和企业文化的建设。行动学习的理念与方法恰恰是其核心。

所谓行动学习,就是聚焦团队真实问题进行能力培养,在解决问题的过程中提升团队能力;通过促进团队内外部的有效对话,创新连接群体智慧;通过学习过程同步行动改善提升执行力,为组织打造一种群策群力的企业文化。

据统计,世界500强企业中有300多家是英国国际管理协会的行动学习企业成员;在通用电气公司、IBM这样的公司,领导力发展的项目必须基于行动学习的理念与方法来设计与开发。

没有人会浪费时间去学习对自己没有用的东西。卓越的CEO从不会随便为公司引入不能同步提升能力与绩效的学习方法。

此外,行动学习还可以在古老的中国智慧中找到源头。明代王阳明先生直接提出"知行合一"的观点,指出"知是行之始,行是知之成"。

由此可知,行动学习的心法恰恰是老祖宗留给我们的智慧——"知行合一"。对喜欢在老祖宗智慧中寻找问题解决方法的管理者来说,这是一个福音。

行动学习之父雷格·瑞文斯:管理者面对的问题没有现成答案

英国物理学家雷格·瑞文斯教授于1938年首先提出了"行动学习"的概念,是西方公认的"行动学习之父"。一位物理学家为什么会成为一种学习法的创始人呢?这得益于瑞文斯先生在法国卢瑟福实验室工作的经历。

在卢瑟福实验室工作时,他发现:即使是那些曾获得诺贝尔奖的导师,在日常讨论中也不会盲目接受某个理论研究就是"放之四海而皆准"的真理。他们常常会在大家一起开会、学习交流的时候,针对原有的、业已成型的理论提出问题,相互研讨辩论。

后来机缘巧合,瑞文斯先生回到英国曼彻斯特大学担任管理学教授。他发现,高校里对管理者的教育基本都是填鸭式的,把一些管理知识生硬地向学员灌输。瑞文斯先生认为,这种方式无法真正提升管理者的管理能力。他于1965年在比利时领导一个大学与企业的合作项目时,第一次完整地使用了行动学习法,并取得了成功。20世纪70年代,瑞文斯先生重返英国,为英国通用电气公司开设了行动学习课程,受到广泛关注。

瑞文斯先生在1971年正式提出行动学习的理论和方法。他认为,"没有行动就没有学习,而没有学习就没有理智和深思熟虑的行动。"他用一个公式"L=P+Q"来解释行动学习的含义。公式中,L(Learning)为"学习";P(Programmed Knowledge)是指"程序性知识",程序性知识是传统培训中所教授的主要知识;Q(Questioning Insight)是指"有洞察力的问题",即提出能够引起思考的问题的能力。

传统教育背后的理论假设是,我们遇到的任何问题都有一个正确答案,传统的教育与学习法因此希望帮助人们提高寻找正确答案的技能。而行动学习背后的理论假设是,没有一门现成的课程能够帮助所有人解决他所面对的问题;人们需要"主动自觉地探索我们所不熟悉的领域,在未知的、冒险的和混乱的条件下提出有用的、有洞察力的问题"。

瑞文斯先生用"Q"表示这种以"询问"为主的学习方式。在这种学习方式中,学习主题直接针对现实环境和任务,参与者反思"做的结果"及"事情是怎样做的",学习是在小组或团队中进行的。通过分享做的过程及做的原因,通过提供相互心理支持,学习者会产生瞬间的顿悟,并增加自信。在瑞文斯先生看来,获取新知识对改变行为的贡献是微不足道的,持续的行为改变更多的是来自于人们对自己过去经历的重新认识或重新建构。一个人行为的改变来自于他希望改变的意愿和决心。

在瑞文斯先生提出并运用行动学习法取得成功后,麦克·佩德勒先生对行动学习法给出了相关定义,他指出:行动学习是管理人员通过小组活动尝试解决组织发展的重要问题,并从中进行学习的一种个人及组织开发的方法。行动学习强调真实的人在真实的时间解决真实的问题,即管理人员带着真实的问题,在发现与解决问题的真实过程中学习。

通用电气公司群策群力的企业文化

群策群力源于世界最成功的企业之一——通用电气公司。20世纪80年代末,通用电气公司提出:业务部门必须在行业竞争中达到行业数一数二的标准,凡是不符合此标准的部门将面临整顿、关闭或出售的结局。在面临如此重大的战略转变和机构改革之时,CEO杰克·韦尔奇采用了一种叫作"群策群力"的深入人心的内在流程。这套流程可以简单迅速地提出与解决问题,并决定最后由谁来执行决策。从短期来看,群策群力可以帮助人们快速解决问题;从长期来讲,群策群力培养了组织的一种高效执行的文化,使通用电气公司成为当时盈利能力全球第一的世界级大公司。

单纯从操作形式上来看,群策群力可以说是基于行动学习的跨部门会议沟通与会议成果执行。几个跨部门或跨级别的经理和员工组成小组,一起讨论他们发现的问题,或者是高管关注的问题,通过对过去惯常的做法进行反思、讨论,再逐步提出建议,并在最后的决策会议上把这些建议提交给高管。高管召集整组人对这些建议展开讨论,并当场决定是否通过。然后,将那些能对组织产生影响的建议或新措施交给自愿负责执行并将其完成的"认领者"(Owner),由他们一直做到有结果为止。

为什么说群策群力是基于行动学习的内部流程呢?这还要从它的创始

人杰克·韦尔奇谈起。

杰克·韦尔奇之所以被称为"CEO中的CEO",并不仅仅是因为他在任时有出色的绩效表现,更是因为他总是不遗余力地在课堂上亲自培养企业的管理者。杰克·韦尔奇把课堂当作传达理念、听取意见的场所,每个月都会到通用电气公司的企业大学所在地克劳顿村一次。在课堂上,他和经理人讨论公司近况,了解团队成员对公司的各种变革措施有什么看法,在提问、聆听、对话的过程中,传播理念,掌握公司的脉搏。

而且,杰克·韦尔奇还发现,公司的管理层只重分析,单纯依赖命令与控制来管理,而不是让员工参与,也不会对员工充分授权。韦尔奇希望这种直面问题,管理者之间充分交流与对话,提出有效建议的行动学习模式,并不是只停留在企业大学课堂中,而是可以出现在企业讨论与解决问题的工作现场。为此,他邀请了30多位管理专家进行讨论。于是,群策群力行动会议的轮廓诞生了:大批分属不同阶层与职位的员工共同参与讨论组织中存在的各种问题,形成小组来研究简化工作的方法,高管必须在最后的决策会议上接受或者拒绝这些建议;这是为了强迫当时那些喜欢命令与控制员工的管理者参与到讨论中,听取员工的建议和想法,并与员工对话。

实行群策群力的好处多多:首先,可以快速找到组织存在的棘手问题,研究出解决方案,并有效地执行落实;其次,可以在组织内部营造出一个全员平等、坦诚交流的环境,汲取组织的智慧;再次,可以快速解决企业中跨部门的扯皮推诿问题;最后,可以使问题的解决不再单纯依赖领导者,而是依靠各个部门与该问题直接相关人员的参与和贡献。

群策群力的过程能让参与者发出自己的声音,这让每个人的想法都能被倾听和关注,并且能被记录下来。这样的过程唤起了人们潜藏在内心的参与感,过去被动接受任务的格局完全被颠覆,取而代之的是人们积极参与讨论，并对自己贡献了想法的措施给予足够的关注，接着自动自发地将想法落实的责任承担起来。这也无疑是当今企业最想达到的效果。

杰克·韦尔奇曾经风趣地说道："有一种办法可以证明群策群力已经成功了，那就是在公司里再也不用容忍我的领导风格了。"

就本质来说，群策群力的观念其实非常简单：最接近工作的人必然最了解工作，不管这些人在工作担任什么样的职务，处在什么样的岗位，当他们的想法能够被当场激发出来并转化为具体的行动时，整个组织将充满活力、创造力与执行力。通用电气公司举办过几十万场群策群力会议，现场激发出来的点子不计其数，这使通用电气公司得以取用地球上唯一不会枯竭的资源——人们的想象力与活力。这也是通用电气公司效益一路攀升的秘诀所在。

三星集团的"同心圆"改善活动

电子行业巨鳄三星集团，凭借其在产业链的深度垂直整合，使三星手机独霸 Android 智能手机市场，与 iPhone 分庭抗礼。三星集团对市场的快速响应及其过硬的产品质量背后，强大的硬件生产能力起到了关键性作用。为了时刻保持生产能力的持续高水平状态，三星集团在集团内各生产部门会定期开展"同心圆"改善活动。

"同心圆"改善活动由三星集团总部的经营革新部门（下文简称"革新部门"）主导，集团下属的生产法人以每个生产部门为一个团队参与其中。通常，生产部门的韩国方部门长（简称"韩方部门长"，若该部门无韩方领导则由中方部门长代替）作为各自团队的负责人，团队其他成员包含部门经理、生产主管、一线班组长及相关的设备、技术、品质管理等制品生产人员。

革新部门会根据集团最近一段时间的生产情况,每期选择一个相对突出又在不同制品间存在一定共性的生产问题作为当期的改善主题,诸如移动(搬运)距离缩短、机种交替时间缩短、LOB(生产线平衡)改善、品质不良率降低等。主题确定后,主导部门会在集团总部选派具备十年甚至二十年以上相关经验的改善专家前往各个分公司进行该主题内容的知识讲解。讲解的内容涉及该主题相关的IE改善知识、常用分析工具和研究方法等,并统一发放"同心圆"改善活动最后发表的PPT文件模板和总部提供的一个优秀改善参考案例。

"同心圆"改善活动流程上通常分成六个步骤:现状描述、找出问题、问题分析、改善计划制订与实施、改善效果对比验证和优秀改善案例展示与推广。

各团队需要根据改善专家给予的分析工具和研究方法,通过集体研讨的方式,找出结合自己生产制品的改善计划,并将内容按照模板的格式要求整理好后提交给革新部门。

革新部门会根据活动的总体时间安排划分关键时间节点,将整个改善活动分成若干阶段,设置每个阶段需要完成的阶段任务,并安排专人到生产现场与团队负责人进行对接,了解改善计划的实施进展情况,每周(有时甚至每天)在全公司内部进行综合评比和通报。

每一阶段结束时,改善专家会前往每个团队所在的生产现场,了解具体的实施内容和结果,并给予点评,同时对下一阶段改善活动提出指导意见。各团队需要在限定的时间内,将专家反馈的意见及时进行整理并适当调整改善计划,上报革新部门,作为后续跟进的主要依据参考。

每期"同心圆"的最终改善成果将直接与各生产部门的绩效考核挂钩,改善成果优秀的部门会因此获得优秀的绩效考核结果。同时,特别优秀的团队会被邀请至韩国总部,与来自全球各地的团队进行PK,来赢取韩国总部颁发的"同心圆"改善大奖。

在整个"同心圆"改善活动中，革新部门主要从事流程步骤的设计与讲解说明、各团队的实施进度跟踪确认与计划跟进等工作。"同心圆"活动已经成为三星集团定期开展的改善活动，生产部门的相关人员在一次又一次的改善活动中进行反思与总结，不断完善生产流程、规范作业标准、解决生产问题，使得三星集团可以针对市场变化迅速做出响应，短期内实现大规模的出货量，从而为集团抢占市场先机立下了汗马功劳。

（三星集团案例由 WFA 专家级认证促动师郑鑫岩提供）

CHAPTER

第二章

为何管理者需要行动学习

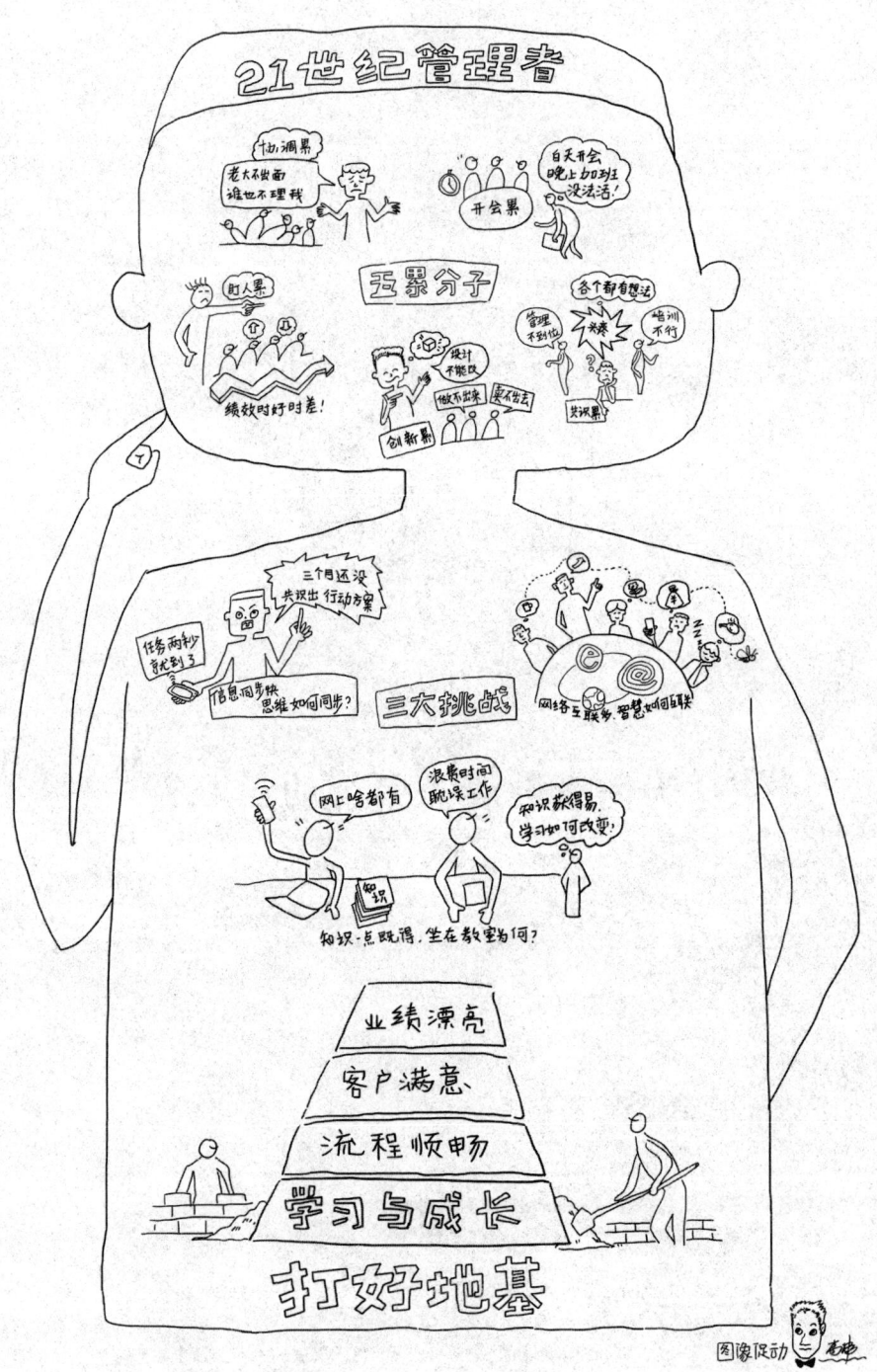

21 世纪管理者已沦为五累分子

　　进入 21 世纪的第二个十年，我们每个人都能亲身感受到移动互联网带来的变化。信息变得越来越透明，传播速度越来越快；权威变得越来越没有说服力，人与人变得越来越平等；组织变得越来越扁平，过去的命令式、权威式管理变得越来越不奏效。这种变化对管理者造成的影响尤为突出。

　　对于大部分管理者而言，他们接受的是 20 世纪大工业管控时代的技能培训，面对的却是心智模式已经发生巨大改变的各类员工，以及由于信息快速变化带来的管理挑战。不知从什么时候开始，管理者们就如同登上了向前快速行驶的战车，很难停下来。他们经常一脸苦相，一身疲惫，脚步沉重地出入商业场合，成为不折不扣的五累分子。

一大累：协调累，团队协作好难

案·例·分·享

贾经理：出了问题都找我，但解决问题的时候谁也不配合

G公司发现了一个潜在的质量问题：有家供应商提供的零部件没有达到阻燃标准要求，如果销售出去，未来有发生火灾的潜在风险。于是，公司委任质量部贾经理查清该问题的原因，制定根治措施。经过一系列调查和取证，贾经理发现该问题的产生与研发部、制造部、采购部几个部门的流程传递和协同不畅有关系。研发部制定了技术标准发给制造部，制造部传递给采购部，采购部再传递给供应商，而这一次需要提供给供应商的技术标准一直停滞在制造部，没有及时传递。要想解决该问题，关键是要实现几个部门的协同合作。

于是，贾经理找到了研发部的负责人。研发部负责人认为："我们已经做好技术标准的发布了，没做到位是制造部的事情。"而制造部的负责人说，技术标准下发之后，没有人告知这个标准是需要提供给供应商的。于是，贾经理又去找采购部的负责人。采购部回应，这是研发部和技术部的事情，自己只管执行。

就这样，贾经理跑了一天，也没有将问题解决好，反倒看了几个部门负责人不少脸色。几位"老大"都声称此次事件与自己部门无关，并拒绝承担责任。天黑了，贾经理拖着疲惫的身体回到空荡荡的办公室，坐在办公桌前发呆：这可如何是好？

（本案例由WFA认证高级促动师金沙浪提供）

贾经理遇到的问题是很多管理者都会遇到的。在大工业时代，管理者以管控、下命令、监督为主要职责，早已形成了"我说你做就好"的思维定式，而且习惯"头痛医头，脚痛医脚"，哪里出了问题就找哪个部门。

进入移动互联网时代之后，随着行业竞争环境的变化，管理者处理问题的方式也要随之发生变化。现在企业出现一个问题，往往不只涉及一个部门，通常会涉及好几个部门，甚至还会关系到外部供应商和客户。在这样的情势下，管理者就不能沿用过去的管理方法来处理问题了，而是需要协调好众多关系方之间的关系。如果不能很好地处理部门之间、员工之间、员工与供应商之间的关系，管理者就会越管越累，问题也会变得越来越严重。很多管理者到了40岁左右就出现高度的职业倦怠，不愿意再做管理，多半是没有做好协调沟通工作所致。

二大累：开会累，会议多无结果

案·例·分·享

罗经理：为了降低采购成本，白天开会，晚上加班，太累了

自从公司要求把采购成本降低1000万元那天开始，整个采购部就像炸了锅。先是老总召集采购部所有员工进行"训话"，要求大家提高责任心。接着，采购总监又召集了一次与采购部罗经理的沟通小会和两次全体动员大会，要大家献计献策。随后，罗经理又被要求召开部门会议，并参加跨部门会议，一定要拿出解决方案……两周下来，采购部上至经理下至普通成员，天天开会，别说降低成本了，连日常工作都很难完成，大家只能加班。一时间，采购部怨声载道。

谈到成本节约具体方案时，员工更是互相推脱责任，认为是公司采购机制导致成本居高不下，降低成本需要老板修改机制；还有些人提出，采购部员工薪酬太低导致大家只是热衷于想办法搞外快，没有工作热情来为公司节约成本，要降低成本先给采购部员工涨工资。开会两周之后，不仅降低成本的方案没有任何着落，对公司机制的抱怨和对薪酬的不满反而越来越多。罗经理白天开会，晚上处理工作，每天都累得像霜打的茄子一样。

（本案例由 WFA 专家级认证促动师何虹谊提供）

请各位管理者回忆一下，自己每周有多少时间是在会议室度过的？之前，我在课堂上提出这个问题时，就有很多管理者牢骚满腹："天天都在开会！开不完的会！搞得我们白天都没有时间做事，只能晚上加班！"管理者每周用于开会的时间真的有那么多吗？据国外一家知名调研机构统计，管理者每周用于开会的时间大约要占到工作时间的 50%。这太可怕了！

进入 21 世纪，即便是开会，也对管理者提出了新的要求。如果管理者的会议能力还停留在读报告、发布命令上面，那就真的成问题了。会议会走向两个极端：决而不议或者议而不决。前者会让员工觉得浪费时间，后者则很难将大家的意见统一起来。时间长了，大家都会感到疲惫不堪，但由于要遵守职场规则，又不得不参加。在这种情况下，很多员工难免会在会议上刷微信，玩游戏……为此，很多公司制定了更加严格的会议管理制度，但效果却并不明显。因此，要想改变目前混乱的现状，只能从根上进行治理，提升管理者开会的技能。

三大累：盯人累，绩效时好时差

案·例·分·享

陶经理：督促得紧业绩就好，出个差业绩就下滑，真累

陶经理是业务骨干出身，管理着一个 20 人的销售团队。他要求每位下属每天汇报工作情况、工作进度，凡是有问题的地方他能立刻指出关键原因，告诉下属该如何跟进客户。凡是下属搞不定的客户，他都亲自去现场帮助搞定。由于业绩出色，陶经理顺利升职，开始管理两个城市的销售团队共50人。

管理权限扩大之后，陶经理仍旧坚持原来的管理方法，时常往返于两个城市之间。只是，不久怪事就出现了：每当他去其中一个城市出差，另一个城市的团队当月的业绩必定下滑。陶经理很郁闷：为什么他在的时候大家干劲儿很足，一旦他出差，团队业绩就下滑，这些营销人员如何才能自动自发，做到领导在与不在都一样呢？

（本案例由WFA专家级认证促动师何虹谊提供）

绩效增长是企业不变的追求。为了让绩效持续增长，企业管理者们各显神通：要么靠政策；要么靠老板眼光好，抓住了机遇；要么靠搞客户关系；要么靠给员工激励打一阵"鸡血"；要么靠管理者严格的监督。管理者盯得紧一点，员工就勤奋一点；管理者如果没有监督，员工会根据自己的节奏来做事。这也造成了不少企业绩效时好时差的情况。

要知道，单靠政策的，制定政策的人会变；单靠老板眼光好的，老板不是神，不会次次都决策正确；单靠搞客户关系的，你能搞别人也能搞，如果这个能人跳槽了，关系也一样跟着跑掉；单靠几次激励给员工打"鸡血"的，只要不搞激励了，员工就会消极怠工；单靠严厉处罚的，员工大不了跳槽了事；单靠管理者监督的，只要管理者监督不到位，员工就不知道该如何做事，因为平时都有人给布置任务，一旦没人布置了，员工就会停在那里不知道该做什么。

管理者在管理中容易走极端：要么管人不理事，团队一团和气，氛围很好，绩效却总是不达标；要么理事不管人，没有帮助团队能力成长，凭借个人能力拖着团队出绩效，搞得整个团队痛苦不堪。

为什么丰田可以做到改良不佳业绩,实现可持续发展?为什么通用电气公司可以做到员工积极提建议提想法,并促使整个企业形成了一种群策群力的企业文化?这是因为,在这些企业当中,管理者掌握的是一种推动企业持续改善,自动自发地发现问题、分析问题、解决问题的方法;企业会有相应的机制来保障管理者主动教授这些方法给员工,并有一套有效的沟通流程来促进员工形成"自动思考,自我反思,自发改变"的思维方式。

四大累:创新累,想法多不落地

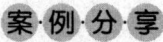

王经理:设计的产品不是做不出来,就是卖不出去,郁闷

经过几轮"头脑风暴"之后,设计部的同事开发出了几款造型精美的产品,王经理非常高兴,带着大家出去庆祝了一下。不久,几款新产品相继上市,其中一款非常受顾客欢迎,另一款却销售情况不佳。销售部门要求加快畅销产品的生产,同时修改销售情况不佳的产品的设计思路。生产部门认为畅销产品的工艺太难实现,短期内大量生产困难比较多。设计师则认为,销售人员根本就没有和客户解释清楚设计理念,导致销售情况不好。

三个部门都认为自己说得有道理,争得不可开交。为了解决问题,总经理出面召集三个部门召开会议,研究解决方案。销售经理性子急,率先发表意见:"好卖的生产不出来,不好卖的一大堆堆在那里,我们给了建议没人理我们,公司的销售业绩下滑谁负责?"生产部经理接着喊道:"设计部给的那些工艺,我们搞了很久都搞不出来,没几个供应商能提供这些零配件,要他们修改设计方案他们又不肯,我们没办法加快进度。"设计部的王经理一肚子委屈:"你们生产部的技工能力怎么这么差，这么简单的工艺都做不出来？还有你们销售都说不清楚这款产品的内涵，当然卖不出去。"

销售经理发火了："什么内涵，客户要的是便宜实用！"生产部的经理也急了："你们设计师都不食人间烟火吧？那些零件都没有几个供应商能提供，你们自己做一个试试看？"总经理出面打断了大家的争吵，要求设计部必须修改设计工艺，拿出解决方案，不要影响销售业绩。王经理窝着一肚子火离开了会议室。

（本案例由 WFA 专家级认证促动师何虹谊提供）

与时俱进是很多企业一直追求的理想。大家也都清楚，从创意转化为创新并非一件容易的事情。创意多半来自个人，这个人可能是老板，可能是某位管理者或者设计师；创新则是需要有一个智慧协作系统，有一个创新协作项目团队愿意将新想法经过试验、试错，不断地交流、反思，持续地改善才有可能实现。如果设计师只管设计，技术工人只管生产，销售部门只管营销，那么企业的创新将很难实现。

五大累：共识累，人人都是专家

案·例·分·享

张科长：离职率高，到底是谁的错

生产部的张科长最近很是头痛：很多新招聘来的员工常常工作不了一年就离职了，将近 200 人的生产部，工龄超过 5 年的员工仅有 7 人。偏偏由于公司产品的特殊性，以及对专业技能掌握的要求，培养一名合格的生产技术人员需要至少一年，而高离职率直接导致了公司产品质量不稳定，客户投诉率不断攀升。

为了解决问题，公司专门就离职率问题召开会议，邀请公司各级管理层参与研讨。生产部率先发言。在他们看来，人力资源部培训不到位是员工离职最直接的原因。人力资源部则认为，生产部管理不善、对员工简单粗暴才是人员流失率高的主要原因，生产部的管理者需要提升自己的管理技能。战略部的经理是海归博士，他认为，员工离职率高是因为在公司战略落地过程中，企业文化宣导没有跟上，导致员工缺乏归属感。销售部的经理认为现在的90后员工不好管，建议招聘一些下岗职工。技术部的经理觉得可以提高公司的机械化程度，减少人员招募……尽管大家讲的很多，但关于离职率高的问题始终没有形成最终的解决方案。一切还是照旧，人力资源部继续给生产部招聘和培训员工，生产部继续按照原有的方式管理，员工离职率继续居高不下。

（本案例由WFA专家级认证促动师何虹谊提供）

共识、统一思想，是企业最期望实现也最难实现的事情。几乎每家企业的老总在发现执行不到位的时候都会感慨：如果大家一条心，这个问题早就解决了。为此，很多公司推行了军事化管理，像军队一样讲求服从命令听指挥。这种做法在大工业时代是有一定效果的，但进入移动互联网时代之后却失灵了。互联网时代讲究的是快速高效的协作。协作意味着求同存异，共同朝向一个正确的方向前行；协作意味着聚焦大家关注的共同问题，描绘共同愿景，通过"头脑风暴"获得众人的创意，尊重差异，聆听每个人的想法，形成共同的决定。这种共识是众人大脑智慧的集合，自然容易获得众人的支持。因此，共识需要管理者掌握有效促进思维同步的技术，从而提高促进团队达成共识的概率。

管理者 21 世纪面临三大挑战

21 世纪是移动互联网高速发展的时代。在这个信息快速同步的时代，管理者面临着三大挑战。

信息同步快，思维如何同步

移动互联网的普及，使人们可以随时随地从四面八方获得信息，也可以随时随地处理工作。此时此刻，我在写这段文字时，就在杭州临安莲花山一处山清水秀的地方——我和几个朋友刚建起来的观心斋里。在这里，我会写写书，看看山，赏赏荷花；用智能手机和工作伙伴联系，处理公司的事情。许多"80后""90后"更是具备一种移动互联网时代"说走就走"的勇气，身上有点积蓄了，就立即动身出发去西藏、去丽江。即使是升职加薪都拦不住他们的脚步。本身就是在互联网时代成长起来的"80后""90后"，在这个属于他们的时代，早已生活得如鱼得水。

相比之下，很多管理者虽然身处 21 世纪，其思维模式、管理模式却可能还停留在 20 世纪。为什么这样讲？管理者可以用最先进的手机、电脑、各种 Pad 熟练地将信息在瞬间分享给团队成员，但是要和团队成员达成共识，却可能好几个月都无法实现。也就是说，我们享受到了科学技术带来的信息快速同步，却很难让整个团队思维快速同步。

网络互联多，智慧如何互联

很多企业老总告诉我，最让他们头疼的事情莫过于统一员工思想。然而，**在互联网时代，光是统一员工思想是不够的，想要在这个快速变化的时代里求得生存，组织需要能激发员工的群体智慧，并快速连接组织内外部的智慧源，一起为组织愿景服务。**

出生于20世纪50～70年代的管理者们总是难免受固有思维模式的影响，总是把自己摆在权威的位置，不容大家质疑。员工按照他们的观点去执行，就是正确的；如果出了问题，就是员工的智慧程度不够、理解能力不足、执行力低下。进入21世纪之后，但凡还保持这种思想的管理者，其企业在发展过程中都会深受影响，甚至会有倒闭的风险。

现代企业的管理者早已身处网络互联多如蛛网的年代，互联网实现的是知识的互联，而隐藏在人们大脑中80%的隐性智慧是如何在沟通的过程中实现互联的呢？

管理者的生存之道在于他与众人智慧连接的广度与深度。换句话说，广度意味着当你想提升团队绩效、完成一个项目、解决一个问题时，在企业内部，你能激发多少本部门员工和利益相关部门的同事愿意贡献智慧来帮助你；在企业外部，你能连接多少利益相关者，如客户、供应商、专家顾问的智慧来支持你达成目标。

深度意味着人们愿意投入到什么程度来支持你实现目标。当你要连接那么多内外部利益相关者的智慧来实现一个目标时，当你要充分激发人们的内在动力来投入一个项目、解决一个问题时，你的管理技能要升级和改变才行。

知识获得容易，学习如何改变

为了解决碰到的各种管理问题，管理者积极通过各种方式来学习。进入 21 世纪之后，学习方式已经变得非常多。很多人遇见不懂的东西，都喜欢用智能手机上网搜索。所以，每次上课之前，我总要问大家一句话："知识一点即得，坐在教室为何？"

很多学员就会一愣。是啊，移动互联网上一搜什么都有，为什么我们还要坐在教室里听课呢？信息时代，很多管理者不管听什么，大概听 10 分钟就不耐烦了，觉得浪费时间，用手机搜索一下关键词，就什么都懂了，有这个时间还不如多做点业务。

然而，互联网上可以搜到的叫"知识"，那是谁都可以免费获得的东西；想要快人一步产生难以复制的创新，从而带动绩效成长，需要的是"智慧"。

互联网永远不能取代课堂的地方在于：课堂是产生"智慧"的地方。"智慧"是需要人与人现场及时碰撞才能"灵光乍现"的东西，是需要通过练习、实践才能积累的东西。所以，管理者到课堂上来学习，需要的是思维的碰撞，经验的交流与分享，达成共识，寻找突破性、创新性的行动计划。管理者在课堂学习中如果没有实现"经验共享，群体共识，行动改善"，只会坐在那里听课，就会陷入培训"三动"恶性循环：听的时候激动，听完后感动，回去不动。

打好高绩效的地基：学习与成长

在发展的过程中，许多企业最头疼的事情就是如何将战略转化为具体行动。很多时候，他们并不是缺乏战略，而是缺乏执行力。按照传统的标准，企业衡量战略是否落地、绩效是否成长是以财务数据为导向的。这往往导致企业追逐短期效益，忽视了自身的可持续发展。为了实现可持续发展，越来越多的企业在执行战略落地和绩效管理过程中使用一种名为"平衡计分卡"的管理工具。

平衡计分卡有四个层面的衡量指标：财务、客户、内部运营、学习与成长。

财务指标从数据层面直观地体现了企业制定的战略、绩效成长指标是否通过组织有效地运营达成了。客户指标体现了企业的收入来自于客户满意度、品牌认知度、客户保留率等。如果客户满意了，市场份额提高了，财务指标就会达成。这是财务指标和客户指标之间的逻辑关系。

除去财务指标和客户指标，第三个关键指标是内部运营。客户如何能满意，需要一个高效运转的内部流程，譬如确保订单准时完成、质量达标、新产品快速开发的内部流程。这是客户与内部流程之间的逻辑关系。

第四个关键指标是学习与成长。学习与成长包含了对企业员工有效的培养、激励，员工之间有效的沟通，以及建设促进组织不断自我革新的企业文化。可以说，员工的自我学习与成长，团队共同的学习与发展，组织自我革新能力的整体提升,是企业内部流程顺畅、外部客户满意、财务数据达标的坚实地基。

案·例·分·享

万总:要想保持行业第一,得关注下两层指标

万总的公司在行业里十几年来一直保持第一名,他创业就是靠胆子大,能把握机会。现在企业越做越大,万总却越发感到力不从心了。于是,为了保持以往获得的荣誉,他无论是在开会,还是在其他场合,都只对销售指标和市场占有率关心有加。销售团队压力很大,为了完成任务,就拼命把销售数字搞得高一点以应付绩效考核。结果,虽然表面数据很漂亮,但代价却是利润微薄,货品都积压在经销商的仓库里"发霉"。

很快,万总知道了真相,下定决心带领整个经营团队进行反思。当了解了平衡计分卡的相关知识,他才如梦初醒:"我不能只盯着财务和客户指标,而应该盯着下两层指标:内部流程、学习与成长。如果每个团队的学习与成长做好了,组织的地基自然就打好了,内部流程理顺了,市场占有率自然会高,财务指标自然会达成。"

作为企业的管理者,当我们期望团队获得高绩效时,就要先关注如何提升团队成员的能力;当期望获得好的结果时,就要保持对过程的关注,而绝对不能不负责任地对团队成员说:"我只要结果,过程你自己去想办法。"

管理者想要团队绩效获得长期的、稳定的发展,既要使团队持续关注问题,在短期内解决问题,达成阶段目标;又要在解决问题的过程中促进团队成员相互学习,共同成长,成为一支有自我造血功能、能够自我创新的团队。

CHAPTER

第三章

团队行动学习成功的三大关键

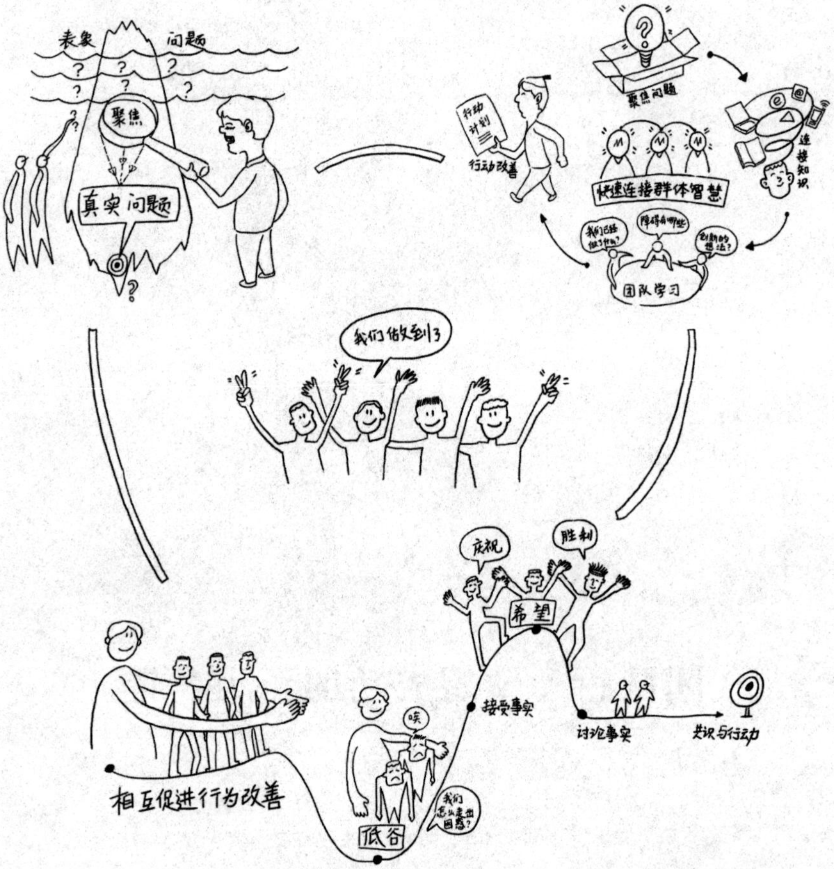

既然行动学习是专为管理者创设的有效学习模式,接下来我将重点讲一下行动学习促进团队能力与绩效双提升的三大关键:聚焦团队真实问题、快速连接群体智慧和相互促进行为改善。

与团队一起聚焦真实问题

当管理者想要开展行动学习时,第一步不是把老师上课讲的东西向大家说教,切记绝对不能这样做。这样做,什么好方法都无法在团队里推行下去。为什么?因为每个人都愿意改变,但是都不愿意被别人改变!

说教是想要改变别人的一种典型性行为,所以会遭遇到各种有声无声、有形无形的抵抗。国内众多企业团队执行力低下的原因,就在于从老板到管理者都太喜欢说教！团队整体能力的提升不能凭感觉，觉得大家需要什么，就找什么课程给大家上，而是要从阻碍团队绩效发展的问题开始讨论，聚焦团队的真实问题。这才是第一步需要做的。

但是，聚焦问题并不是那么容易做到的。很多管理者就是因为还没有搞清楚问题到底是什么，就匆匆忙忙开始着手解决问题，结果往往旧问题还没有解决，新问题又出现了。当不能聚焦真实问题时，我们就无法从别人那里获得最有效的建议。因为通常提出来的都是现象问题，而困扰我们的往往是一些隐藏于冰山下的真实问题。这些问题往往可能连我们自己都没有意识到，只有不断聚焦、讨论、洞察，它们才会浮出水面。

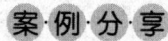

黄科长：层层提问帮我找到了问题出现的真正原因

黄科长在一次行动学习研讨会中，向学习小组提交了自己的问题，即如何将经验转化为员工的实际工作能力。同时，他也道出了自己的苦恼：在培训科室里的调度员时，问他们学会了没有，他们都说会了；科室每月每周都有专业知识考核，考核通过率很高；然而工作中接到咨询电话，调度员却时常解答不了。这下问题就变得严重了：上级领导认为黄科长没有做好管理工作。

行动学习小组的成员都是来自公司各个部门的管理者，大家通过一系列提问来帮助黄科长厘清信息。

- 现有的调度员培训方式有哪些？
- 发生解答不了咨询事宜情况的频率有多少？
- 你记忆中最深刻的因工作能力不足造成的案例是什么？
- 你记忆中因人员调整后取得好的效果的例子是什么？
- 导致该问题产生的主要因素有哪些？

第三章 团队行动学习成功的三大关键

● 将经验转化为工作能力的方法有哪些？
● 你将采取什么样的培训方式来提高员工的工作能力？
● 你需要公司提供哪些帮助？

黄科长一一回答上述问题之后，伙伴们分别提出了自己的建议。比如，在不同时期给调度员配置不同的导师；为调度员拓宽培训渠道；对出现的问题进行分类，个别问题单独沟通，共性问题大家共享；编制经验指导书等。

收到伙伴们的建议之后，黄科长重新反思了自己提出的问题，认为自己需要对出现的问题进行仔细分析，搜集足够的信息才能对问题下定论，且针对员工的不同情况区别对待，让培训形式多样化。他打算回到工作场所后搜集老调度员的宝贵经验，并对部分人员的导师进行及时更换。因此，黄科长重新聚焦了行动学习的问题，即如何提高调度日报编制质量。

（本案例由WFA专家级认证促动师何虹谊提供）

现象问题往往大而空，如同这个案例中，"如何将经验转化为员工实际工作能力"等问题不容易着手解决。经过层层提问，黄科长才发现原来自己可以立刻着手的核心问题是：如何提高调度日报编制质量？聚焦这个问题的过程是"提问"，而非"说教"。

建立快速连接群体智慧的对话流程

所有成功的企业都非常重视激发员工的群体智慧。但是,也有不少企业根本不懂得运用员工的智慧,其内部的建议渠道形同虚设。进入21世纪之后,管理者更需要高度重视如何快速连接群体智慧来解决问题。

什么是群体智慧?是存在于我们周围可能连接到他人的集体智慧。那么连接群体智慧又是什么概念呢?打个比方,大家平时读书、上网,虽然没有见过书籍的作者或者讲师本人,但是会在阅读资料,聆听网络音频、视频时产生领悟,而这种领悟就是我们与对方智慧的连接。我们听老师讲课也是如此。会讲课的老师能够深入浅出地把自己的经验分享出来,让我们有所领悟,从而让我们更有效地连接他的内在智慧。

不过,面对面的授课属于传统教育模式下的智慧连接。这种连接通常只发生在老师与学员之间,成为1位老师与N名学员之间1对N的智慧连接。而行动学习能更快、更有效地解决问题:行动学习的过程是一种N对N的智慧连接。在行动学习的课堂上,智慧连接的参与者除了老师,还包括学员本身!学员是解决问题的内容专家,是智慧的贡献者。而外来的老师们,往往扮演的是智慧连接者的角色,负责通过有效的方式,促进所有参与者的智慧相互连接。最后的行动计划也是学员自己制订的,他们往往在课堂上就欢呼雀跃地急着有所行动了。这是非常符合脑科学原理的:学员们自己制订的行动计划,自己愿意去实施,而不是老师指定个计划,让学员去实施。

如果团队发现自己的想法缺乏创意，可以邀请其他相关创新领域的成员参与到话题讨论中；如果团队在解决问题的过程中发现缺少某个领域的专业知识，可以从企业内部或者外部邀请该领域的专家来进行讲解或者上网搜索相关知识与技术。

进入21世纪，管理者要明白一件事情：你需要的不是听课，而是基于要解决的问题去寻找智慧源，有效连接这些智慧源，通过行动学习来激发群体智慧解决问题！这对我们原有的管理心智模式、学习心智模式都是巨大的挑战！只有转换了思维模式，我们的学习速度才会加快，管理技能提升的方向才会正确，绩效的问题才会有突破口！

对于管理者来说，最好的课堂就是会议室！管理者一旦掌握了行动学习的原则方法，对于团队存在的各种问题，比如团队成员能力提升、绩效改善、跨团队协作等问题，都可以自行在会议室中通过基于行动学习法的会议流程展开讨论。

通过行动学习来激发群体智慧，主要解决了以下几大类问题：

● 聚焦问题（如月度绩效改善、团队协作等）；

● 导入知识（可以看视频，也可以请有这方面经验的伙伴来分享；可以搞读书会，也可以即时在互联网上搜索相关信息）；

● 团队学习（通过行动学习研讨会组织大家层层讨论：大家在这个问题上有哪些信息可以分享？我们已经做了什么？哪些地方做得比较好？哪些地方做得不太好？解决这个问题的障碍有哪些？大家有哪些好的建议？我们下一步的行动计划是什么？谁来负责？）；

● 行动改善（制订行动计划，包含内容、负责人、协助者、到期日、衡量成功标准、沟通节点、需要学习的技能等）。

案·例·分·享

刘厂长:行动学习对员工积极性提升帮助很大

D公司共有八个生产分厂,其中规模最大的八分厂负责外销产品的生产。八分厂的刘厂长说,每次开会是他最头疼的事情。首先,每次会议的效率取决于参加者之间的私人感情如何;其次,每次都是领导搞"一言堂",如果事后操作性较差,决议就会被搁置;再次,与会者没有倾听的习惯;最后,部分与会者不能充分表达自己的想法,在未能达成共识的时候,需要靠更高级别的领导"一锤定音"。

后来,刘厂长接触到了行动学习,并决定运用行动学习的方法来开会。会前,他提前告知了会议的主题、时长,以及将采用新的开会方式。对此,大家都觉得很新鲜。

这次召集的会议确实和以往不同。会议开始之后,刘厂长就直奔主题"如何提升品质意识",并解释了启动此主题的原因,及讨论该主题对团队的重要性。原因及重要性具体如下。

第一,公司今年的战略规划对生产部门的品质意识提出要求,我们必须在6个月内拿出解决方案并证明方案有效。

第二,前几年市场供不应求,团队埋头生产,追求数量,坏品率很高,大家的品质意识普遍不够。

第三,提升品质意识将帮助我们在一定程度上降低坏品率。

阐述完毕之后,就大家提出的疑问,刘厂长逐一进行了解释和澄清。接下来,他并没有急于提出自己的看法,而是开始提问:"结合前面讲的公司要求,以及我解释的这些信息,请大家思考一下:在提升品质意识上,我们可以有哪些创新的想法?"

看到大家习惯性地低下头,刘厂长心中有数:是大家的防卫心理在作怪。对此,他早有准备,马上取出即时贴:"请大家思考5分钟，把自己的想法写到即时贴上，每人至少写10条。现在开始计时。"很快，5分钟就过去了。这时，刘厂长又请大家从写好的想法当中挑出3个自己认为6个月内能够实施又足够有创意的想法。

随后，他把写有大家的想法的即时贴逐一贴到墙上，并请大家把相近的想法归为一类。这样一来，所有与会者都提起了精神。他们一边听刘厂长念出卡片的内容，一边盯着对面的"想法墙"。每当大家对卡片的归类争执不下时，刘厂长就会请想法的提出者来进行解释。也只有在这个时候，刘厂长才发现，原来平时在会上不爱发言的人，其实也有着非常独到的想法，对问题的考虑也非常周全。卡片归类完毕之后，刘厂长请大家为每类卡片提取了中心词，如表3-1所示。

表3-1 行动会议中心词提取

中心词	品质活动开展	作业标准建立	预防措施建立	品质制度建立
每列的建议	品质标准培训	工序SOP建立	QRQC活动	奖罚规定
	品质意识宣导	标准样板建立	头脑风暴法	品质红黑榜
	品质竞赛	工装检具完善	实物验证法	星级员工
	5S定制管理活动			

提取中心词之后，刘厂长画了两个圆心样的靶心图（如图3-1所示），请大家为这几个中心词建立关联，并说明靶心是提升品质意识的重中之重，让大家把每一列的中心词排列进去。很快，大家就达成了共识：要想整体提升团队的品质意识，就需要以品质制度建立为核心，以作业标准建立和预防措施建立为基础，以品质活动开展为牵引。

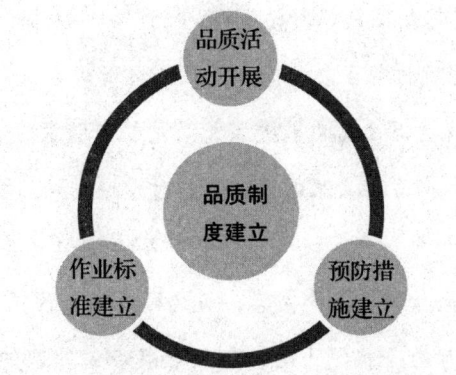

图 3-1　品质制度建立是提升品质意识的重中之重

（本案例由 WFA 专家级认证促动师何虹谊提供）

让团队形成相互促进行为改善的氛围

作为管理者，一定要懂人，但是不能搞人。懂人是为了成就人，成就整个团队。搞人是为了成就自己的一己私利。要懂人，管理者就需要掌握基本的心理学知识，尤其是社会心理学、群体心理学、团体动力学方面的知识。将心理学知识运用于自己的管理实践中，才能真正成就他人，同时也成就自己。

说到团体动力学,就不能不提到它的代表人物勒温教授。勒温教授通过研究发现:

群体不是人们的简单集合,而是一个动力整体,其中一部分发生变化,会导致其他部分的状态发生变化。

在群体中,只要有别人在场,一个人的思想行为就和单独一个人的时候有所不同。

团体决定比单独做出的决定对团队中的个人有较为持久的影响。通过团体来改变个体的行为,比直接去改变一个个具体的个体效果更好。

反之,只要团体的价值观不发生变化,个体就会更加强烈地抵制外来的变化,个体的行为就不容易发生变化。

那么勒温教授的研究成果对于管理者有什么作用呢?其作用主要体现在以下几个方面。首先,管理者要建立一种意识,即我管理的是一个团队,而不是几个各自为政的人。只有将团队当成一个整体来管理,才有可能生成真正的团队绩效。其次,管理者需要学会建立起一种团队成员相互促进行为改善的氛围,否则就会出现这样一种情况:领导在,大家就表现积极一些;领导不在,大家就松散一点。最后,管理者的管理行为要从监督、控制、命令转向促进团队合作、参与、创新。这不是件容易的事情。管理者要学会让团队成为自动自发运转的群体,打造成员相互帮助、相互促进行为改善的团队。

除去勒温教授的研究成果,这里还要给大家普及一下基本的心理学知识。通常情况下,大多数人都是有防卫心理的。这种心理导致我们在团队中既不会轻易表扬别人,也不会轻易说出别人的不足或是需要改进的地方。这样的团队往往一团和气,却为管理带来了很多难题。

当我们在团队中导入行动学习时,让团队形成相互促进行为改善的氛围、陪伴团队成员行动改善是非常关键的一个原则。问题也聚焦了，团队智慧也激发了，共识也达成了，行动计划也制订了，如果没有行动改善，绩效如何可能实现突破？这关键的一步，需要管理者有耐心，像在生活中照顾孩子那样，无论如何，一定要陪伴团队成员完成这个行动计划！

当然，陪伴也是需要方法的。管理者需要促动团队坦诚沟通，比如及时召开行动改善会议，请团队成员有步骤、有架构地分享行动过程中的收获与不足，请团队成员相互给予反馈，找出他们有助于团队协作的行为、为了团队更好地协作需要改进的行为。

请注意，我在这里反复提到"行为"二字。这是为什么呢？众所周知，很多时候，管理者要求团队成员互相提建议的时候，大家都是泛泛而谈。之所以会出现泛泛而谈的情况，是因为发言者一不小心就会对别人的价值观造成攻击。

而基于行为的反馈，会有理有据地列出在什么时间什么地点，对方一个什么具体的行为产生了什么结果，这个结果给自己带来的感受，自己希望对方产生的行为改变等。这样的反馈才是真正的对事不对人。通常情况下，人们在收到此类善意的反馈时会反思，而不是反击。

学会这种有效的反馈方法之后，团队成员就可以在行动学习的过程中，善意地给予同伴们或积极或建设性的反馈，从而鼓励他们保持某种行为，并对自己阻碍团队协作的某些行为自动做出改变。事情真的会这样神奇吗？实际上，这里还有一个小小的心理学知识：当意识到自己的行为对群体互动有影响时，为了获得积极的反馈，人们会做出改变以寻求他人积极的肯定。

第三章 团队行动学习成功的三大关键

案·例·分·享
从"我只要结果"到"大家一起来"

品牌部沈经理的口头禅整个团队都知道:"我只要结果,方法你们自己去想!到时间没给我结果,就给我辞职报告!"大家对他的这句口头禅又爱又恨。爱的是,沈经理总能在关键时刻提供超前的创意。恨的是,大家呕心沥血提交的方案常被否定,即使做得不错,也很难得到表扬。另外,沈经理总是搞"一言堂",他从不参加团队讨论,还总是批评大家。结果,品牌部的人员流失率居高不下,位列全公司之首。对此,沈经理感到既委屈又困惑。

直到接触到行动学习,在小组伙伴的帮助下,沈经理开始反思自己之前的行为。他发现在以往的陪伴团队行动改善的过程中,自己只有命令、指责,没有参与讨论,激发团队创意,也没有欣赏与带动团队共同反思。学习了陪伴团队行动改善的流程与方法后,沈经理决定尝试一下。

转眼间又到了开例会的时间了。一进会议室,大家就有耳目一新的感觉。沈经理特意请助手将会议室布置成咖啡馆的样子,在白板处还挂上"开心咖啡馆"的卡通手绘。大家的心情一下放松了!沈经理首先介绍了会议的流程,然后请每位成员讲一讲自己本周内的三项重点工作及相关成果。每个人轮流讲完后,沈经理接着问:"大家觉得自己在这周里做得比较好的工作有哪些?"听到这个问题,大家愣了一下:"难道太阳从西边出来了,老大开会从来没有让我们总结过自己的优点,他这葫芦里卖的什么药?"

沈经理也感觉到了大家的状态,鼓励道:"我们以前经常忽略自己做得好的地方,没有及时分享。今天要请大家讲出自己工作中做得很棒的点,这不仅是自我肯定的过程,也是大家互相学习的过程。"

受到鼓励后，大家开始尝试分享自己做得好的方面，有很多是沈经理自己不曾发觉的，每个人脸上都逐渐洋溢起了开心的笑容。

沈经理继续问："那在本周工作中，大家遇到了哪些挑战或者困难？大家想到了什么就写在自己面前的白纸上。"大家写完之后，沈经理又请大家思考造成这些挑战或困难的因素有哪些，并写在即时贴上，从中挑选5个重要的影响因素来分享。

会议进行到这里，白板上贴满了团队的成果，还有人不时站起来走到白板前补充自己的想法，大家投入且认真。沈经理等大家都讲完之后也补充了一些自己认为的影响因素。他没有像以前一样，别人还没有讲完就不耐烦地打断，立刻讲出自己的想法，而是等到发言者讲述完毕之后再发言。

接着，他让大家投票选出影响计划达成的三大重要因素，并提出了下一个问题："基于这些影响因素，大家认为下周我们的工作重点应该放在哪里？既然我们认为这三大因素是影响计划达成的重要因素，那我们将采取哪些方法来解决？哪些方法是可行的？"

沈经理先让每个人思考并将想法写在即时贴上，接着让每个人都分享自己的解决方案，并把类似的建议排列在一起。在谈论解决方案的时候，不同岗位的员工有一些不同的看法，沈经理请他们逐一陈述，待大家陈述完毕，他才表达了自己的想法。所有参会者的建议就全部被张贴出来了，没有谁的点子被打击或被否定，大家都沉浸在参与的乐趣中。

最后，沈经理请每个人写出自己下周的三大工作重点，以及需要的支持。会议结束时，大家都拿起手机把会议的成果拍了回去，并表示这些内容对于把控自己下周的工作方向非常有用。离开前，沈经理同每个人约定，下周三每个人汇报工作进展、遇到的挑战、需要的支持,以及应对计划,并且抄送给计划的相关者。在这个过程中,谁有问题都可以及时和他沟通,他都会给予建议与支持。

两天后,沈经理接到营销部 W 经理的电话:"老沈,听说你改革了部门会议啊?你们部门的员工在饭堂吃饭时说你变了,不训他们了,还和他们一起讨论出很多成果;说不知道你到外面学了什么,这次回来不一样了,要不过来给我们搞一下?我也头疼死了,开会的时候大家都不说话……"

(本案例由 WFA 专家级认证促动师何虹谊提供)

行动学习为什么能逐步建立起积极的团队氛围,并能促进团队成员自动自发地去改变呢?是因为行动学习的流程与步骤中蕴含着心理学、行为学等原理。作为管理者,想要推动行动学习或是任何其他管理方法在团队中进行,我们必须要明白一些基本的步骤。

第一,认知阶段。人们开始了解新事物,但此时还不想有任何改变。管理者在此阶段可以告诉大家行动学习是什么,可以解决什么问题,能给大家带来什么好处。需要注意的是,认知阶段不适合推动新事物,管理者此时可以营造氛围,给大家一些了解行动学习的时间。

第二,犹豫阶段。人们想要有所改变,却还没有下定改变的决心。此时人们既对新事物充满好奇和憧憬,也充满困惑和恐惧。管理者在此阶段可以召开一些团队内部的行动会议,聚焦团队成员关心的问题,进行有序的讨论交流。当感受到会议效率的提升,团队成员会加深对行动学习的信心。

第三,准备阶段。团队已经做好了改变的准备。管理者此时可以在团队中发起一个 3~6 个月的行动学习项目,聚焦团队当时最需要解决的问题,并运用原来在工作坊中所学的行动学习方法,开启行动学习之旅。完成以上三步之后,对行动学习也就形成了初步的了解(如图 3-2 所示)。

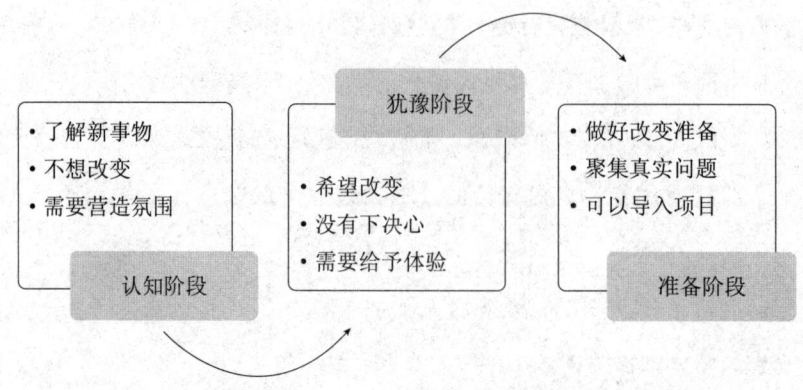

图 3-2 了解行动学习分三步走

第四，行动阶段。团队已经在经历新事物的过程中，但经历新事物的过程并非一帆风顺。在行动学习过程中，有开始的兴奋，有跌入低谷的痛苦，有接受事实的反思，有看到美好未来的冲动，有研讨辩论的艰难，有达成共识的快乐，有讨论行动计划的深思熟虑。在这个过程中，管理者需要始终保持冷静，陪伴团队成员一起成长；既不在团队兴奋时冒进，也不在团队低谷时批评；既不在团队研讨辩论时加入过多的个人主观意见，也不任由团队天马行空，从不关心团队成长的过程。管理者在团队行动的过程中，需要明白何时该提问，何时该观察聆听，何时该表达自己的建议。

第五，维持阶段。团队已经能有效地应用新事物。在这个阶段，团队成员已经愿意自我运转行动学习，也掌握了行动学习的方法与相关步骤，可以自行召开小组会议，解决问题，达成共识，形成行动计划。在这个阶段，管理者要在团队内普及行动学习中相关的方法步骤。只有每个人都掌握这些方法步骤，团队才能形成一种有效的沟通模式，团队成员能力不断提升，会议会变得高效，行动学习的成果会不断地转化为团队绩效成果。

第六，内化阶段。新事物已经变成团队工作流程，以及团队成员固有的行为。行动学习法一旦内化为团队工作流程与固有的行为，团队将拥有非常强大、快速接纳一切新事物的团队心智模式与工作行为。无论导入任何新流程、新方法、新事物，团队成员都能够基于行动学习的流程（即"聚焦问题—导入知识—团队学习—行动计划"）来接纳新事物。团队讨论的过程也能快速地进入"共享信息—共识愿景—共同行动"的良性循环（如图3-3所示）。

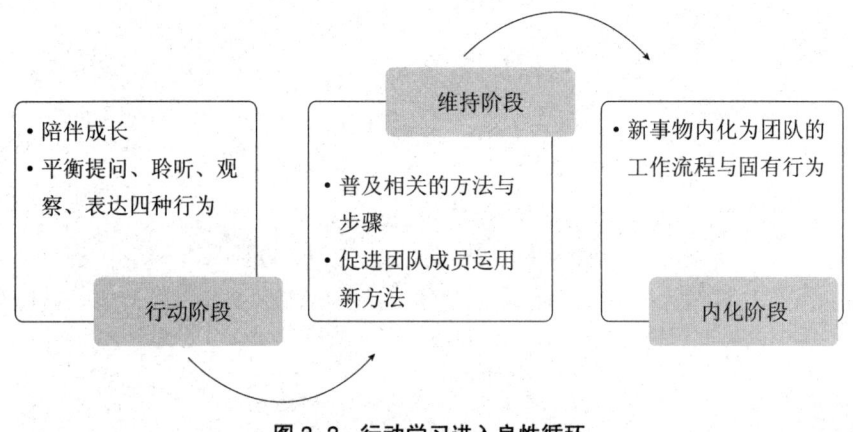

图3-3 行动学习进入良性循环

很多时候，我们总是无法理解，为什么外企研发、导入、执行新方法、新流程的速度那么快？本质在于他们的团队学习能力非常强大。团队学习能力来源于行动学习的内化。我们国内很多企业还处在行动学习的第一阶段认知阶段，要达到第六阶段内化阶段，还需要不断成长历练。

CHAPTER

第四章

团队行动学习发生的地方：会议室

行动会议：从下达命令到聚焦、共识与行动的会议

为什么一些传统培训方式对管理者提升团队起不到太大的作用，行动学习却能有效促进团队能力成长与绩效提升？最重要的区别在于行动学习一定是为聚焦组织、团队的真实问题而进行的学习。

在通用电气公司，杰克·韦尔奇之所以把行动学习的方法运用到了群策群力会议中，其中一个很重要的原因是他希望能实现"直面问题，现场对话，充分沟通，提出建议"的这些好方法不应该只停留在企业大学的教室里，而应该在管理者的日常工作中发挥作用。

当韦尔奇在通用电气公司的企业大学克劳顿村和管理者们互动时，一名管理者在现场指出公司存在很多问题。韦尔奇问他："你为什么不告诉你的直接上司呢？"这名管理者立刻回答："我疯了吗？我会立刻被开除的！"韦尔奇接着问："那你为什么敢在这里说？"那位管理者回答："在这里，你又不知道我是谁，我是安全的！"全场哄堂大笑。

这件事情对韦尔奇的影响很大。他认为，如果人们在会议室里不敢说真话，尤其是当他们的上司在现场的时候，那么企业的办事效率将无比低

下,人们将不愿意承担责任,推诿扯皮的现象将会非常严重!而管理者解决问题的地方主要是会议室,如果不能改善组织的会议模式,企业文化的变革就是一句空谈!

管理者大多数时间都在通过开会解决团队间、组织间的各种问题,要将行动学习落实到管理者的日常工作中,最佳的方式就是行动会议!

什么是行动会议?行动会议是基于行动学习法而开展的会议,主持开会者召集利益相关者,聚焦真实问题,展开有步骤的讨论,促进参与者共享信息,达成共识,现场导出行动计划,并在会后跟进行动计划,及时提供相关支持,促进团队能力提升与问题解决的会议形式。

|促动技术:有效激发团队智慧,提升整体执行力的团队管理过程技术|

高效会议能力对于管理者来说是非常重要的技能。然而,进入21世纪之后,很多管理者却变得不会开会了,开会效率非常低下,总是议而不决。不少人认为,开会就是准时参加,在众人面前发表一下自己的想法,会后发个会议通知就完了。这种想法是20世纪管理心智模式的一种延续。

| 第四章 团队行动学习发生的地方：会议室 |

在大工业时代，管理者的主要管理行为是下命令、监控命令执行情况。加之当时互联网普及程度不高，管理者召集会议的主要目的就是发布消息，宣布公司决策。进入移动互联网时代之后，信息快速发布已经成为现实，会议的功能也随之发生了改变。世界500强企业的管理者的会议技巧早就因应IT技术的发展进行了升级。时代的变化要求管理者的会议技能必须做出相应的调整。许多世界500强企业要求其管理者必须掌握有效的群体互动技能，我们称之为促动技术。而且，针对某些高级的会议，企业会请掌握促动技术的专业人士——促动师来设计流程，以确保会议聚焦问题，达成共识，产生共同行动计划。

什么是促动技术呢？促动（Facilitate）的本意是"让事情变得简单、容易"。促动技术是一种有效激发团队智慧，提升整体执行力的团队管理过程的技术。

促动技术是能够促进团队成员有序对话，快速并同步分享信息；求同存异，达成共识；促进团队成员自动自发产生行动计划并执行的方法。

从企业管理的角度，促动技术可以理解为是基于心理学、行为学而产生的，是促进团队成员有效沟通，达成高效执行的领导艺术与技术。很多有关促动技术的书籍也已经在国内翻译出版了，然而管理者看了之后还是很迷茫，不知道如何将促动技术运用到自己的日常管理工作中；而参与过我们工作坊的管理者，在现场体验了促动技术的魅力后，方才恍然大悟：哦，原来提升团队凝聚力、创造力、执行力要这样搞！我们力求在本书中通过"真实案例 + 步骤讲述"来帮助大家理解促动技术，并将其应用到自己的日常管理工作中。

PART
第二篇

行动会议:
在会议中学习,在学习中行动

CHAPTER

第 五 章

行动会议第一步：聚焦问题

在行动会议中，真实的问题就如同种子，会议的过程就是浇水施肥，而解决方案就是最后结出的果实。俗语说，种瓜得瓜，种豆得豆。同理，管理者能提出有效的问题，就会得出想要的结果；如果问题不合适，就可能走到错误的方向上。

自我厘清：没有搞清楚问题是什么，解决的方案都是错的

要掌握行动会议的精髓，管理者首先要从自己关注的问题开始。因此，需要在会议前静静思考一下"这次行动会议，我最想解决的问题是什么"。如何才能找到这个问题呢？为此，我们通常会做大量的准备，比如长达数

页的行业报告，一大堆工作中出现的问题。遗憾的是，这些并不是我们真正需要的，而且它们常常会占用很多时间。更重要的是，会直接影响我们聚焦问题。这是怎么一回事呢？这一情况的出现与心理学、脑科学的常识有关。

首先，当面对很多问题或者很多文字时，大脑将无法识别哪些是需要重点关注的事情，也就无法从内在的资源库中提取最佳资源，帮助我们解决问题。

其次，如果我们用的是陈述句，而不是问句，大脑不知道我们想解决问题，以为我们只是发发牢骚，大脑也就不理我们，就不会提取资源来协助我们解决问题了。

最后，当我们在行动会议过程中提出"为什么"的问题，而不是关于"如何"或者"什么"的问题，大脑将帮助我们分析问题并到此为止。基于人类"离苦得乐"的潜意识，大脑给出的答案通常会帮助我们逃避自己的责任，而将产生问题的原因通通归咎于他人或者环境，从而让我们离开痛苦。一旦我们开始将问题"归因于外"，就会失去解决问题的动力，因为我们认为需要改变的都是别人；或是认为这是外部环境的问题，我们无力改变。

既然开始清楚聚焦问题的重要性，那么接下来，再给自己一点时间重新聚焦问题：请用"如何"或"什么"开头，在20个字以内重新表达自己的问题，并以问号结尾。比如，如何提升团队能力，完成公司绩效指标？

做完这些，恭喜你，你已经完成了聚焦问题的第一步！不过，别着急，还没有结束，请你再仔细看看自己聚焦的问题，并开始问自己以下几个问题。

- 解决这个问题的意义或价值是什么？
- 如果这个问题解决了，未来3个月我希望看到的成果是什么？

- 目前阻碍成果实现的主要障碍有哪些？
- 在这些障碍中，我最想解决或者在未来3个月最有可能解决的是哪些？
- 基于以上问题的答案，我最关注的问题是什么？

回答好上述5个问题，需要聚焦问题的雏形就会出现。遗憾的是，很多管理者还没有为这些问题找到适当的答案，他们甚至没有机会倾听员工的心声。

以最常见的开会为例。员工常常会抱怨会议时间长，解决不了问题还浪费时间，客观上增加了工作时间。如果管理者在进入会议室之前，可以确定在会议上需要讨论和解决的议题，效果就会好很多。这也是行动会议存在的价值。

但是，国内企业的管理者似乎还不适应这种方式，认为这是在浪费时间。其实，这也恰恰是中外企业管理者在思维方式上的重大差异所致。外企管理者在召开会议之前，会花费大量时间去确定真正的问题到底是什么，通过辩论、质询、挑战等环节达成共识之后，就坚定不移地开始执行。而国内的企业管理者大部分还在延续之前的模式：干了再说，错了再改。这样的做法导致大家执行力不强，协作能力也很差，工作效率无法保证。

所以，中国的企业管理者要想厘清需要聚焦的问题，就要改变自己以往的心智模式。如果心智模式不改变，管理行为就无法改变，企业中长期存在的问题就无法彻底解决。

层层聚焦：如同剥竹笋一样提问

通过多年调查研究，我发现国内企业普遍存在这样一个现象：很多管理者提出的问题是封闭式（即责问他人导向性的问题）的，或者以"为什么"开头的。

比如，当管理者发现下属没有完成预定任务时，以下问题就会脱口而出："你怎么没有完成任务？你为什么没有完成任务？你怎么连这个任务都完成不了？"此时，下属通常会做出解释：因为××部门不配合，因为××情况发生变化等。

通常情况下，下属员工的解释并不会起到应有的作用。因为管理者的第二轮"轰炸"又来了："既然有变化，为什么你没有想到用××方法？既然××部门不配合，为什么不找他们负责人？为什么不早点告诉我？"

此时，有经验的下属通常会选择闭嘴，或者说"是我考虑不周全"。因为他们很清楚，再怎样解释都没有用，管理者并不会提供有效的建议。而没有经验的下属通常会再次辩解，他们招来的会是更加没有意义的"轰炸"。"轰炸"过后，连这部分下属也放弃了解释。

如何才能提升团队的执行力呢？这是每个管理者最为关心的问题之一。尽管如此，实际上它只是个表象问题。要想知道它的深层含义，管理者就需要层层提问，层层聚焦。聚焦的步骤具体如下。

第一，团队中的哪些现象让你产生了要提升团队执行力的想法？请举出 1～3 个具体事例来说明。

第二，目前团队在执行力方面哪些地方做得比较好，需要继续保持？请举例说明。

第三，目前团队执行力不佳为你带来了哪些困扰？

第四，如果团队执行力得以提升，你希望在未来 3～6 个月内获得哪些成果？

第五，这些成果可以通过哪些可视化的现象或者可衡量的数据来展现？

第六，在可视化或可衡量的成果中，哪些是你最关注的？举出 1～3 个。

第七，基于你的关注点，你认为你和你的团队需要一起讨论的最核心的问题是什么？

对比最开始提出的"如何提升团队执行力"的问题，和经过多层思考聚焦出来的问题，团队关注的问题一定是拥有可量化成果的。因此，管理者在抱怨下属执行力不佳之前，需要反思以下几个问题。

● 我提出的问题真的可以帮助团队厘清现状，找到解决方法吗？
● 我提出的问题可以帮助团队找到执行任务的创新方案吗？
● 我提出的问题可以让团队感觉到我愿意支持他们直到完成任务吗？

如果三个问题的答案都是否定的，我必须说：团队执行力不佳是管理者一手造成的，团队创新力也是管理者一手扼杀的。当管理者学会自我厘清、层层聚焦时，问题将会逐层深入，逐层聚焦，帮助管理者产生向内的思考，听取伙伴的声音，从而逐渐看清问题的真相。而管理者帮助团队成长与发展也需要具备这种"聚焦团队真实问题"的能力，向团队不断发问，引发团队成员向内的思考，不会将问题的产生归因于外部环境，归因于他人，从而能产生出一种"我们可以改变现状"的状态。

养成提问习惯：提问引发思考，告诉引发争辩

很多企业常会出现下列问题：精英管理者研究出来的战略总是很难落地；高薪聘请来的"空降兵"不仅没有解决绩效提升等老问题，还带来了团队磨合的新问题。本来是出于良好意愿的安排，为什么反而成为拖累企业的"毒药"呢？

这是因为，不少国内企业的管理者都有一种"一人之下，万人之上"的心态，对上以"听话"为主，对下以"命令"为主。由于传统模式的影响，不少人一旦成为管理者就会产生这样一种意识：管理者就是负责思考的，需要为团队提供经营思路；团队就是负责执行的，必须不折不扣地执行管理者的命令。于是，在众多企业中，类似的对话常会出现。

管理者："最近业绩为什么这么差？"

团队："因为××××。"（通常团队成员会回答是竞争对手、市场变化、其他团队不够配合导致的）

管理者："那你们可以如此……"（管理者开始扮演"万能的神"）

团队："我们都试过了，可业绩还是没什么起色。"

管理者："那你们可以那样……"（管理者继续扮演"万能的神"）

团队："我们也试过了，也没什么起色。"

第五章 行动会议第一步：聚焦问题

管理者烦了："怎么可能不行，肯定是你们执行不到位，就那样做吧！我只要结果，你们只要那样做，业绩肯定不会这么差的！"

团队："好的，回去马上办！"（心里通常都在想：你自己来试一下，不就是因为是领导吗，光说不练！）

命令式的管理常会导致这样的结果：管理者的思路落地性差，管理、执行双方互相抱怨。当然，能做管理者的人大部分并不缺乏分析问题和解决问题的能力，他们大多数欠缺的是一些让团队成员自动自发思考的智慧，以及一些令大家"求同存异，达成共识"的方法。所以，移动互联网时代的管理者，需要了解一些脑科学知识，掌握基于心理学、行为学的促动技术，学会授权、指导他人去做事的科学方法。

说到授权、指导团队成员去完成工作，管理者常会面临这样一个问题：计划和执行之前总会出现偏差，而且参与人数越多，偏差就越大。这是怎么回事呢？

通过对脑成像技术的研究，科学家发现：当一个人接受别人安排的工作时，大脑的眶额皮层如果出现明显地活跃，就表示抵触情绪已经出现。也就是说，被动做事时，大脑会出现最本能的反应，这种反应导致我们无法在做事的过程中全力以赴。而当一个人积极主动地去做某事时，大脑的扣带回区域即负责表现的监控、即时行动和调节的区域，出现明显地活跃，这充分表明：此事没有受到任何干扰和抵触！由此，我们可以了解到一个最为基础的脑科学知识：大脑只听自己的！

这就意味着管理者需要对自己的管理模式做出非常大的调整：当希望团队成员快速高效地执行计划时，你需要先思考如何提出有效的问题，如何促进团队成员进行有效的对话，如何激发团队智慧解决问题。如果身为管理者的你也想参与其中，就需要将自己当成一个普通的参与者，而非下命令的人。

管理者与团队成员在面对问题时，目的都是一样的，都是为了解决问题，不同的是思考角度。如何才能将二者拥有的经验融合，从而找到最合适的解决方法呢？既然已经清楚"大脑只听自己的"，那么管理者就要明白：告诉引发争辩，提问引发思考。对此，维尔纳·海森堡和彼得·德鲁克两位大师的妙论更能说明问题。

海森堡是量子力学的创建者之一。他讲过一段非常经典的话："我们观察到的，并不是自然的本身，而是用我们的提问方法揭示的自然。人类的好奇心是人类走到今天的一个根本动力。一切的好奇都源于提问，我们的知识来自于不断地提问中。"

管理大师德鲁克则指出："真正具有控制力的资源与绝对决定性的'生产要素'，现在（21世纪）既不是资本，不是土地，也不是劳动，它是知识。20世纪，一家公司最宝贵的资产是生产设备。21世纪，不论是企业机构还是非企业机构，最宝贵的资产是知识工作者和他们的生产率。因此，过去的管理者只需要知道如何下达命令，而未来的管理者却需要知道如何提问。"

如何让团队成员满心欢喜地去做事呢？如何让团队成员感觉到管理者是给了自己空间去尝试，而不会感觉自己只是一台"执行机器"呢？这就需要管理者学会与团队成员一起聚焦问题，而聚焦问题的前提是提出有质量的、有洞察力的问题。21世纪的管理模式是建立在提问技术基础上的艺术。

管理者想要得到最佳的行动效果，最佳的做法是：忍住自己想要告诉团队成员怎么做的行为，提出有洞察力的问题，带领他们一起聚焦问题。21世纪的管理者，要养成提问的习惯，就要学会把思考的主动权交回给行动者本人。这样，行动者才有可能有效地组织和利用大脑的认知资源和情绪资源，找到有效的方法去获取最佳成果。

| 第五章 行动会议第一步：聚焦问题 |

用提问开启团队行动会议之旅：
自我对话，对话上司，对话团队

作为一名促动师，我曾经就行动学习项目需要聚焦的问题和多位企业老总进行过面对面的深度对话。这类对话其实并不轻松。很多老总都是能量场巨大的人，思维跳跃，并且习惯于发号施令。他们常会要求促动师或咨询师按照自己的要求量身定制一套方案，用以解决其企业工作团队执行不力的问题。

但是，如果促动师真的按照这样的要求设计方案，不仅企业原来的问题依旧存在，可能还会出现新问题。所以，促动师和企业老总的深度对话并非投其所好，而是营造一个对话环境，让这些能量巨大的人逐渐平静下来，并聚焦关键问题。同时，促动师还需要让老总们理解其所起的作用：促动师是支持企业自己来解决问题的。

有一次，江浙地区一家知名企业请我去和他们的老总沟通，目的是聚焦出一次行动会议项目的主题。在路上，他们的人力资源总监就一再提醒我："段老师，我们老总的思维很跳跃，也很发散。我们平时和他沟通，到最后都没有办法搞清楚他到底要什么。您到时候可得注意点儿。"

对此，我早有准备，因为之前已经接触过不少类似的企业老总。另外，作为专业的促动师，最强大的技能就是营造对话氛围，专注对话目的，设计对话框架，聚焦主题，获得预设的对话成果。

和张总的对话确实不容易。他外表镇定随和，思维却非常敏捷、跳跃与发散。作为促动师的我，一直跟随他的谈话思路，及时发问，及时对每个问题的答案进行聚焦。当然，问题的框架是我提前设计好的，现场基于张总的思维模式与说话的方式做了相应地调整。对话结束时，我们找到了这次行动学习参与者要探讨的主题，同时还获得了副产品，即公司未来3～5年的战略重点。

张总在离开之前，微笑着对我说："谢谢您的提问。"显然，他理解了促动师对于企业的意义。在他离去后，人力资源总监的一席话也让我印象深刻："段老师，谢谢您！今天您和张总的对话，让我们第一次把他过去对公司战略各种发散的思维聚焦成了一个完整的框架。虽然过去他也经常讲，但如果没有今天的对话，我们的认识也还是片段化和模糊化的。"由此可见，深度对话，尤其是提问，对开启团队行动会议是非常重要的。那么，管理者在开启一场行动会议之前，需要做哪些准备呢？如果没有促动师参加是否可以呢？答案是：无论是自己启动，还是请专业促动师来协助，都需要做好以下几项工作。

首先，管理者需要静静地和自己做一次对话。如果感觉很难自行做到，可以请促动师或者掌握促动技术的伙伴帮助自己找到问题。问题具体如下。

- 未来1～3年里，对团队的期望是什么？
- 团队现状如何？优点和不足各是什么？
- 团队现状与期望目标存在哪些差距？
- 未来6个月团队最需要改善的问题是什么？
- 期望在此过程中培养团队成员什么样的能力？

回答好这几个问题，管理者基本上就能知道自己的问题所在了。不过，在自我对话过程中，还会遇到一些障碍。很多管理者并非不具备挖掘真实问题的能力，只是不愿意面对真相而已。自我提问是个很好的反思过程，尽管开始的时候不太容易做到。这时，管理者需要自我训练，学会卸下自己强大的防卫心理，坦诚面对自己的问题，直面长期、客观存在的问题。

其次，管理者需要找上司做一次对话，了解上司对自己团队的评估与期望。在这里，管理者需要学会向上司提问题。比如，"我们团队的哪些地方会引起您的关注""您认为我们团队绩效目前做得比较好的是什么""您认为我们团队绩效需要改善的地方有哪些""您对我们团队的素质或能力有怎样的期待"等。

与上司的对话需要有耐心。上司不一定会按照顺序回答提问，他可能会按照自己的方式来与你沟通。如果遇到这种情况，请坦然面对。上司也不是全知全能的，他也有自己的思维方式。此时，管理者切忌急于求成，一定要静下心来，即使上司的思维模式再难理解，也一定要得到上述问题的答案。

要命的是，上司提供的答案可能跟你的预想有很大差距。可能你所带的团队的努力方向与上司的期待存在很大一段距离。因此，管理者必须重视准备与上司的对话。准备工作主要包括以下几个方面：准备好要沟通的问题；向上司预定足够长的时间；请上司专心面对这些问题；坦诚地告知上司，他的反馈非常重要。

最后，管理者还需要与自己团队的核心成员做一次沟通。为了了解核心成员是如何看待团队的现状与发展，管理者常需要与核心成员一起开会。在会议上，管理者最重要的行为是提问与聆听，而非搞"一言堂"。因此，管理者可以尝试提出下列问题。

- 过去一年中，团队有哪些事情是让大家印象比较深刻的？
- 在团队中，哪些事情让你特别兴奋？哪些事情让你觉得不开心？
- 基于团队的整体绩效表现，你们认为哪些是需要保持的团队行为？

哪些是需要改善的团队行为？

● 未来6个月，我们最需要解决的问题是什么？

除去需要沟通的问题，管理者还需要建立会议讨论规则，并维护这些规则。规则的出现是为了防止出现议而不决或决而不议的情况。以下几条规则可以供管理者在团队会议中借鉴。

第一，问题要一个一个地依次提出。每提出一个问题，请大家依次回答。当一个人回答时，请其他人保持聆听的状态，不要打断发言。

第二，设置一位计时员，为每个人的发言时间做一下限定。时间到了，请计时员立刻提醒。

第三，做好会议记录。会议记录可以用匿名的方式写在可供张贴的大白纸上，一方面供大家参考，另一方面为大家营造安全感。

第四，管理者在他人发言时要保持聆听，即便轮到自己发言，也要遵循发言时间限定。

第五，如果遇到大家不便直说的敏感问题，可以请大家以匿名的形式写在记事贴上，之后统一在现场念出并张贴。

第六，请每个人发表自己的见解即可，不需要对他人的见解进行评价、附和与补充。

经历了上述的对话与会议，获得了相关信息后，管理者最好与一位专业的促动师进行交流，以聚焦出实现团队能力与绩效双重提升的核心问题。要是没有专业促动师的帮忙，管理者也可以通过厘清以下问题来聚焦主题。

● 综合以上信息，自己、上司和团队核心成员最关注的三个问题是什么？

● 目前，大家最希望团队提升的能力排在前三位的是哪些？

● 综上所述，本次行动学习自己期望聚焦的主题是什么？希望团队

第五章 行动会议第一步：聚焦问题

提升的能力是什么？

● 未来6个月，自己期望获得的成果是什么？

● 自己需要上司给予哪些支持？需要哪些部门、哪些利益相关者给予支持？需要哪几位团队成员来牵头建立行动学习小组？

基于以上问题的答案，管理者就可以开启这场行动会议之旅了。这段旅程，管理者需要陪伴自己的团队一起走。鉴于最终确定的是需要解决的问题的难易程度，"旅程"时间长短也要安排得当。一般情况下，以3～6个月为宜。

看到这里，可能有一些管理者已经按捺不住心中的烦躁了。就这么点事儿，还要问这么多问题，还要跟这么多人沟通，不是浪费时间吗？行动学习真麻烦，不适合我们团队。

其实不然。凡是开头没有厘清核心问题就开始行动的，执行和计划必定存在很大的偏差。身为管理者，即使具备出色的人格魅力，如果不能带领大家向着正确的方向前进，创造利润，也必然会被团队成员背弃。所以，学会科学地提出有洞察力的问题，向内反思连接自己的深层智慧，向外对话连接众人的智慧，会让你成为更受团队尊重的有智慧的管理者。

不知大家是否留意到，在行动会议的准备工作中，我反复提到了一个角色——促动师。什么是促动师呢？他和管理者有什么关系呢？

美国三大协会，即美国评估师协会（ASA）、美国评估学会（AI）和美国农业经理人与农业评估师协会（ASFMRA），曾经给"促动师"下过一个定义："促动师拥有群体流程（Group Processes）的知识，他通过系统阐明所需的会议结构来保证会议互动的有效性。促动师关注有效的会议流程从而保障与会者关注会议内容。"

这个定义需要我们花点时间来好好理解。什么叫作群体流程知识？当一群人想要共同完成一项任务，或者讨论出一件事情的解决方案时，一定要请他们按捺住各自为政和七嘴八舌的冲动，这样才可以进行有效对话，达成共识。而讨论的过程中需要用到一定的心理学与行为学的知识和技能，这些知识和技能统称为群体流程知识。也可以理解为：让群体进入更好互动过程的能力。

举个例子。张三和李四两个人在吵架，吵得非常激烈。这时，从旁路过的你想劝开他们。开始的时候，你可能觉得李四有道理，就劝张三："张三，你这样做是不对的。"张三听了之后非常生气，向你历数李四的不足之处。随后，你又觉得张三有道理，于是劝李四："李四，你就让他一下吧！"李四听了之后火冒三丈："他胡说八道！"李四又开始讲张三的过错……结果，两个人不仅没有停止吵架，反而有越吵越厉害的趋势了。这就是没有群体互动能力的结果。

同样的事情，如果劝解人具有一定的群体互动过程能力，效果就会完全不一样了。首先，你可以先停一会儿，然后请吵架的双方坐下来，喝杯水。这叫营造氛围。接着，问他们俩："你们今天都想得出个结果来吧？好，我们来建立个规则：一个人说的时候，另一个人只能听不能说，而且每个人说的时间不能超过3分钟，也不能使用侮辱性的语言辱骂对方。"

规则确定之后，你请其中的一个人（比如张三）先说："张三，请你先谈谈生气的原因是什么？"这属于聚焦问题。张三刚讲了1分钟，李四就忍不住要插嘴。此时，身为劝解人的你就要立刻提醒李四："根据刚才咱们制定的规则，现在是张三发表意见的时间，等轮到你了，你再发言。"这就是维护规则。张三发表完意见，请李四开始讲，请张三聆听。这是管理对话过程。等两位当事人都表达完自己的观点，身为劝解人的你接着问："那今天你们各自期望的结果是什么？"这是厘清目标。二人表达各自看法之后，你接着问："那你们今天愿意和解的内容如下……对吗？"这叫促进共识。之后，你拉着张三和李四的手说："大家都是朋友，既然达成和解了,大家握个手一起去吃个饭吧。"这叫庆祝阶段性成果。

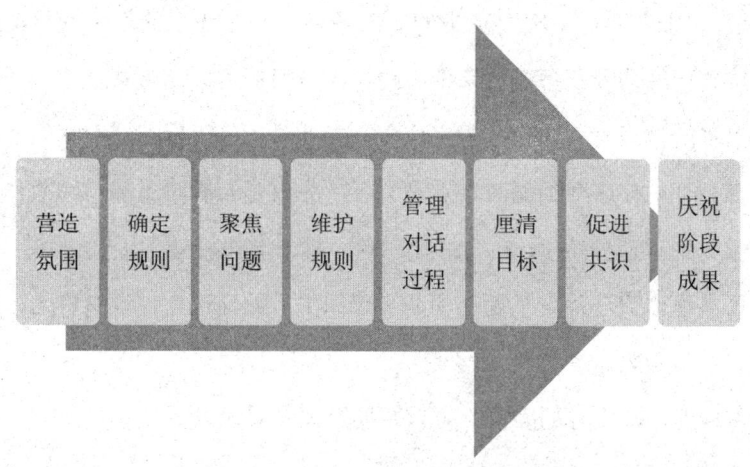

图 5-1　"劝架促动师"的调解过程

综上,我们可以得知,这位劝解人拥有良好的群体流程知识,他是非常棒的"劝架促动师"("劝架促动师"的调解过程如图 5-1 所示)。人与人在一起,无论是吵架、开会、对话,还是研讨、培训、合作等,都需要有效互动,都需要懂得人在群体中的心理状态和行为表现。管理者最主要的工作就是要促进团队内部、团队间人与人的各种互动,然而管理者不一定都是心理学专业毕业的。因此,一些心理学家、行为学家应企业组织的需要,基于群体心理与行为,设计了促进人与人之间更好地交流、共识、协作的步骤与方法,我们将这些方法统称为"促动技术"。能熟练掌握这些技术的专业人士,我们称为"促动师"。

Facilitation 既然来源于英文 Facilitate,换句话说,促动技术就是让事情变得简单容易的技术。促动师是让事情变得简单容易的专业人士,特指那些通过保持公正、开放、中立的态度,系统阐明所需流程来保证互动的有效性,为互动流程(包含会议、研讨、面谈等)提供架构性、步骤化的方法,从而帮助群体在有限的时间和财力内,达成清晰的共识决定,形成切实可行的实施计划。

进入21世纪后,随着竞争的不断加剧、行业环境的不断变化,很多公司的部门结构和任务是复杂的,边界也是模糊的。通常情况下,一项工作需要多个部门有效协作才能完成。而工业时代的工作习惯,使很多部门人员在处理协作事务的同时,总是忘不了先以是否影响本部门绩效作为衡量标准。所以,作为21世纪的管理者,需要掌握有效的促动技术,成为一名团队协作促动师,从而让团队与组织更有效地运作,群策群力,共识愿景、共赢未来。

掌握促动技术好处多多,可以帮助管理者实现以下目标。

- 有效提升团队执行力;
- 召开高效、有成果的会议;
- 让与会者逐步抛开防卫心理,全身心投入讨论;
- 在讨论中集思广益,献计献策;
- 建立积极正向的团队氛围;
- 提高团队创造力;
- 促进团队能量集中于共同目标;
- 有效化解团队成员间的矛盾;
- 帮助团队构建共识;
- 创造非妥协的团队协作;
- 建立尊重和信任的团队氛围。

促动技术是行动学习的重要组成部分。要想让行动学习成为领导力发展、组织能力提升的最佳方法,企业必须拥有一批掌握促动技术的管理者。这是21世纪企业组织成功经营的关键。

CHAPTER

第六章

行动会议第二步：连接智慧

21 世纪团队为王

在与企业合作的过程中,我碰到过很多非常优秀的职业经理人。他们或者是在知名企业里"征战多年",业绩斐然;或者是拥有名校 MBA 光环、人脉广泛,被猎头公司紧紧锁定。他们有勇有谋,待人热情,放到哪里都熠熠生光。可是,就是这样的优秀人才,也有不少因无法与公司其他部门有效协作,或者无法适应新公司的节奏,而黯然离职。

曾经有一家我们合作过的企业,总经理是老板亲自礼聘回来的。老板看重的就是他在原来公司出色的业绩,希望他可以继续延续这一传奇。总经理也希望自己能在新的公司里再创佳绩。

可是,这家公司的现实情况却同总经理的设想有一定的差距。首先,新公司与原来的公司仅在业务模式上就存在众多不同之处,原来的成功模式很难复制。其次,新公司很多部门的负责人和核心成员也属于"空降兵",彼此之间缺乏深度磨合。失去了熟悉的环境和给力的团队之后,这位昔日的"业绩明星"顿时黯然失色。

为了争取主动权,总经理希望大刀阔斧地进行改革,炒掉几位不听话的部门经理，建立新的绩效管理机制，统一下属员工思想。遗憾的是，上述措施都由于这样那样的原因没有实现。就这样"孤军奋战"了一年之后，这位总经理只能选择离职。

这位本来很优秀的职业经理人为什么在到了新公司之后就"折戟沉沙"了呢？是因为个人能力不够吗？显然不是。如果个人能力不强，他在原来的公司就不会做出优异的成绩，也不会被新公司的老板亲自"挖"走。既然不是这个原因，那又是什么原因呢？

实际上，许多职业经理人的个人能力都非常强。只是随着竞争的加剧、时代的变迁、环境的变化，职业经理人需要做出适当的调整。21世纪是让个人英雄容易折腰的时代。因为个人英雄往往控制欲比较强，是在命令、控制中如鱼得水的人物；既容易由于个人的某种人格魅力吸引他人的追随，又会因为个人强烈的控制欲让企业处于一种长不大的痛苦中。移动互联网时代最主要的特点就是协作、包容、共存、合作和平等。个人英雄的魅力能在短时间内吸引人才加盟，却也容易将很多同样有能力、有思想却与管理者性格不合的人才拦在企业之外。

有远见的个人英雄们需要开始反思了，特别是在21世纪已经进入第二个十年的今天。放眼国内大环境，近几年引入行动学习项目的企业，大部分都是行业中的龙头企业、准备上市的明星企业、刚上市不久谋求更大发展的企业，以及经历了转型升级、战略落地、从单一行业发展为跨行业跨领域的多元化企业等。这些企业聚集着各路优秀人才、以各种方式招募来的个人英雄。

这时，身为个人英雄一员的你，需要放下个人主义，与其他优秀人才通力合作。企业需要建立弹性的协作机制，打造团队学习的文化，培养管理者掌握促动技术，构建一个激发群体智慧、群策群力的组织，才有可能实现企业的转型升级。

| 第六章 行动会议第二步:连接智慧 |

| 管理者常用的 9 种促动技术 |

在现代企业中,促动技术为越来越多的企业领导者所重视。因为在这个协作的年代里,群体之间的互动绝非易事。多元的思维角度,人们对个性释放的需求,对权威的崇拜逐渐冷却,自我意识的逐步崛起,都让群体之间有效协作、达成共识、共同参与到一个项目或一项事业中,成为一个复杂的人际互动过程。

促动技术作为促进群体成员有效共事的步骤与方法,其背后有行为科学、团体动力学、群体心理学、积极心理学等理论支持,也有许多心理学家和管理者通过研究与实践而产生的可操作的步骤、流程与方法,目的都是期望促进团队发挥正能量,充分激发人们的内在智慧,尊重每个个体,促进人与人在平等的交流中连接生命的智慧,从而实现多方合作共赢。

进入 21 世纪,衡量管理者的工作是否有效,更多的时候还在于管理者能否带领团队以合作共赢的方式实现目标。而要实现这一目标,就需要管理者熟练掌握并运用促动技术。

促动技术引入我国之初,曾有多种翻译版本,比如引导技术、催化技术、建导技术、促进技术等。我们选择使用"促动技术"这个翻译的原因是 facilitate 这个单词的词根本身有"让……动起来"的意义,并且大多数促动技术都能促进群体产生一种自动自发的能量。

在本章中,我们将为大家重点介绍 9 种常见的促动技术(如表 6-1 所示),用来帮助管理者发挥员工的积极主动性,连接每个人的经验智慧,促进团队能力与绩效双提升。

表6-1 9种常见的促动技术

促动技术	能力提升要点	主要作用	主要步骤
1. 聚焦式会话法	提问力	促进团队智慧共享、信息共享、情绪共享、聚焦下一步行动等	有序提出"数据层面/体验层面/理解层面/决定层面"的问题,促进与会者共享智慧
2. 团队共创法	共识力	促进团队共识、创新想法、聚焦关键行动领域、价值观重塑等	通过"明确主题/头脑风暴/分类排列/提取中心词/图示化赋予含义"有步骤、有架构地构建共识
3. 世界咖啡	对话力	促进跨界创新、团队智慧分享	遵循"有意义的主题/跨界的参与者邀请/营造友好氛围/深度汇谈/异'花'授'粉'/成果汇报"进行设计,促进跨界交流与创新
4. 鱼缸会议	反思力	向内反思,营造团队内、跨部门之间的真诚反馈氛围,促进真诚有效的沟通	通过创设"'鱼'和'水'围坐一圈/'鱼'的自我反馈/'水'的反馈和聆听"的对话环境,促进团队反思与相互深度聆听
5. 群策群力	行动力	促进问题解决、绩效提升,组织变革,快速产生行动方案、自动自发的负责人,促进集体智慧	架构"问题提出/障碍分析/头脑风暴/盈利矩阵/想法陈列/城镇会议/项目管理"的流程来实现群体科学决策与问题解决
6. 欣赏式探询	幸福力	幸福感提升,压力降低,积极文化塑造,幸福企业	通过"发现身边的幸福故事",伙伴们畅谈未来的梦想,一起设计共同想要的未来,创造积极的行动计划
7. 未来探索	愿景力	共识愿景、年度战略研讨、利益相关者共识、社区探索等	通过"聚焦过去/聚焦现在/聚焦未来/达成共识/行动框架",促进利益相关者共识愿景,共赢未来

（续表）

促动技术	能力提升要点	主要作用	主要步骤
8. 开放空间	创新力	创新、组织沟通、协作、IT技术峰会、社区共建	通过"聚焦主题/自主提出讨论议题/自我管理小组/移动双脚贡献智慧/新闻墙/成果汇报/行动框架"，实现参与者广泛的、深层次的沟通与颠覆式创新
9. 私人董事会	互助力	企业家相互"照镜子"、互相帮助、提出问题、坦诚建议、共同成长	通过"聚焦主题/陈述背景/私人董事会提问/坦诚回答/私人董事会建议/自我反思/行动计划/小组反馈/行动改善/教练对话/成果报告"，实现企业家之间的相互帮助，共同成长

聚焦式会话法（Focused Conversation Method）：让伙伴们有效共享信息，真诚对话

越来越多的调研结果和实践表明，大多数成功的管理者都善于在其团队内营造一种鼓励提出问题和回答问题的环境或氛围。而其他管理者也不甘落后。越来越多的管理者开始意识到提问的重要作用。比如，提问可以引起人们的注意，激发人们的创意，促动人们去寻找解决问题的新思路和新途径；提问可以让管理者明白自己并不是"万事通"，需要他人从多元角度提供信息；提问还可以提高沟通效率，为团队持续成长营造不断探索与学习的氛围。

聚焦式会话法就是一种出色的提问方式。也正是由于这一优点，聚焦式会话法成为9种简单实用的促动技术之一。聚焦式会话法是一种促进参与者有效共享各个层面信息的促动技术，由ICA（文化事业协会）研发并在全世界推广。

它通常由一位促动师或者掌握促动技术的管理者主持,通过提出一系列问题让与会者回答,将人们从话题的表象带入工作和生活的深层含义里。其目的在于,促进人们经历一种发散与聚焦结合的"发现对话",帮助人们一起思考。

那么聚焦式会话法是如何产生的呢?二战结束后,美国海军陆战队随军牧师约瑟夫·马休斯回到了阔别已久的校园,重新开始了教授生涯。当发现国内有很多参加二战的士兵无法重新融入现有的和平生活之后,他便决定以毕生精力来帮助他们。不久,马休斯就从一名美术教授那里获得了灵感。他发现,美术教授在使用一种多角度对话的方式来教导学生如何从观察一幅画领会内心的反应,用学生自己的思维方式来领会作品的意义。

马休斯向美术教授请教为什么要选择这种教学方式。美术教授指出:"当观察一件艺术作品时,你首先要观察那有什么,没有什么;然后,你需要向内询问自己内心的感受:什么使你开心,什么使你不开心。当剥开意识的每个层面,你才可以开始询问这个艺术作品对你意味着什么。"于是,马休斯开始总结这套集体思考的方式,并将其称之为"艺术形式对话"。

随着社会的发展,人们发现,这种结构严谨的对话模式可以用于各种组织中的对话,并称这种集体思考的方法为"聚焦式会话法"。

聚焦式会话法是一门提问的技术。在这个人们越来越重视自己话语权的年代,组织里的员工需要对影响他们生活和工作的问题有畅所欲言的权力。但如果这种畅所欲言是无序的,那结果一定是混乱和无效的。聚焦式会话法通过一层层问题的提出,让人们最大限度地参与和思考。这些问题的答案会协助参与者向内反思,同时找到下一步的行动计划。

聚焦式会话法是一个由数据、体验、理解、决定四个层面组成的架构性对话,如图6-1所示。

第六章 行动会议第二步：连接智慧

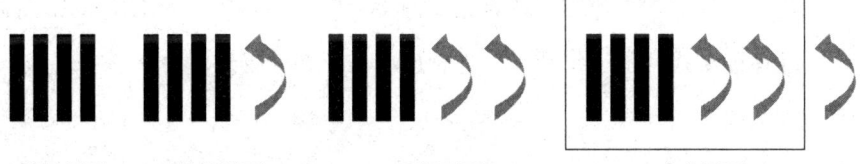

O-数据层面　　R-体验层面　　I-理解层面　　D-决定层面

图6-1　聚焦式会话法的四个层面

数据层面（Objective，简称O）。数据层面是指那些关于事实和外部现实的问题。这些问题一般是从感官获得的，包括我们看到的资料、认为的事实和观察到的外部客观现实。例如，过去一年中，团队发生了哪些重大的事情？这份月度计划中，哪些数据引起了你的注意？数据层面的共享，是为了保证大家能够从多个角度共享信息和自己关注的"第一手资料"，并确保与会者都是在谈论同一件事情。而以往对这方面工作的忽视，常常是到最后大家才明白讨论的根本不是同一个主题，从而令团队成员陷入事倍功半、"跑偏"的窘境。

体验层面（Reflective，简称R）。体验层面是指那些立即唤起人们对接收到的信息产生反应的问题，有时是情感或感受上的反应，有时是隐藏的想象或对事实产生的联想。这一层面关注的是人的情绪、情感、记忆或联想。例如，项目进展过程中，大家感觉最高兴的一件事情是什么？团队过去半年中有什么事情让你感到非常郁闷？这件事情让你回忆起过去的什么经历？

提出体验层面的问题是为了让参与者了解每个人对信息产生的内在反应。这种反应会直接影响会议参与者的状态。对此，有些人会选择忽略，有些人则会选择将自己的情绪直接暴露出来。这时，管理者需要安排一定的时间让大家来分享自己的内在反应。如果单纯地认为开会就是要解决实际问题，讨论大家情绪上的感受是一种浪费，那么这些被"积压"的情绪就会时时在会议内外作怪，或直接或间接地影响团队成员的工作状态。因此，处理团队成员的情绪感受，是管理者在行动会议过程中需要面对的一个巨大挑战。

理解层面(Interpretive，简称 I)。理解层面是指那些挖掘出意义、价值、重要性和含义的问题。这个层面的问题是建立在数据资料及来自于体验层面的感情和联想的基础上，提炼出关于事件的理解和价值。例如，解决这个问题对我们有什么意义？我们遭遇眼下的困境的关键原因是什么？我们有哪些创新的做法可以解决这个问题？

理解层面问题分享的目的在于引起与会者更深层次的反思。我们可以这样理解：对于21世纪的管理者来说，面对面会议的目的就是要共享团队成员内在的深层思考。许多重要问题的解决与创新的想法，一般到了理解层面问题的讨论时才会浮现出来。这是因为，深层思考需要一定时间的积累才会慢慢产生，如果一坐下来就要求拿出方案，得到的往往是敷衍了事。

决定层面（Decisional，简称 D）。决定层面是让人们能够对未来做出决定的问题。这个层面要讨论的是内在含义和新的发展方向。通常，与会者会在这个层面提出几种解决方案，以供抉择。在每一次会议结束时，管理者一定要提出决定层面的问题来结束会议，哪怕是一次10分钟的晨会，都需要以决定层面的问题来结束：我们今天的工作重点是什么？如何开展下一步的关键行动？没有涉及决定层面的会议可以说都是在浪费时间。

聚焦式会话法四个层面的提问遵循了人类思考的自然心理过程，它是"感知—反应—判断—决定"的内在自然过程。我们在生活中的各种决定都自然而然地遵守这个过程。

比如，一对青年男女在谈恋爱后，男青年打算向女青年求婚。

咱俩认识多长时间了？（数据层面）

第六章 行动会议第二步：连接智慧

你和我在一起最快乐的是什么时候？（体验层面）

你的理想结婚对象是什么样的？（理解层面）

咱俩什么时候去领结婚证？（决定层面）

再如：

晚上在看书时一只黑黑的大蜘蛛掉到书上。（数据层面）

内心很害怕。（体验层面）

是扔掉书逃跑，还是弹开蜘蛛？（理解层面）

大叫一声"啊～～～"，立刻扔掉书扑到老公身上。（决定层面）

工作中，管理者的很多决策也是基于这样一个过程。

看到下属提交的一份报告里面有很多错误数据。（数据层面）

感到非常生气。（体验层面）

这个家伙肯定没有好好做调查！（理解层面）

打电话把下属叫到办公室臭骂一顿。（决定层面）

聚焦式会话法的四个层面与人们做决定的过程是一一对应的。从脑科学的角度来看，我们平时做决策最重要的器官是大脑及与之关联的神经系统。这套系统几乎是同步在做资料收集、情感处理、建构意义和产生决定的工作。所以，我们的行为几乎无时无刻不处于这一过程中：观察周围发生的事情，在内心做出反应，利用自身的认知能力理解这件事的意义，并做出决定。聚焦式会话法就是遵循这一规律，让会议的过程变得科学，遵循人性，最大限度地搜集所有与会者关注的信息，产生的直觉、挖掘的深层意义以及人们愿意共同去实施的行动。

管理者在理解了这个基本的脑科学原理，并掌握在四个层面如何有效提问的方法后，就能灵活运用于工作和生活中的各个场景，如年度总结、项目进展评估、培训后的研讨、面试、员工绩效面谈、建立团队使命感、讨论组织变革等。

案·例·分·享

李总运用聚焦式会话法召开年中会议，促进参与者有效对话

李总是一家为中小企业提供外包技术服务的软件公司的行政总监。按照惯例，公司每年7月都要召开年中会议。往年的年中会议都是采取从董事长到各部门负责人报告的形式，普通员工基本没有任何参与的空间。李总觉得这样的会议模式没有什么效果，于是决定在今年的年中会议中采用她新学到的聚焦式会话法来设计相关流程。

首先，在会场布置上，李总选了一家环境优美的临湖酒店，并将会议桌排成了岛屿式，所有员工被分成10个小组。为方便分组研讨，每个小组还任命了一名小组长。这些小组长作为组内的会议促动师，提前接受了会议促动技术培训。培训内容包含：小组长的角色担当等，每轮如何选举组内的记录员、计时员；如何以欣赏的眼光鼓励每位组员的发言，如何告诉组员讨论没有对错，并强调每个人的发言的关键词都将被记录在大白纸上等。

另外，会议前，李总给每个小组准备了足量的大白纸和彩笔，目的是将会议中的精彩发言能及时记录下来。随后，李总还跟董事长及各部门负责人进行了沟通，取得了他们的支持。董事长讲话的时间缩短至30分钟，各部门负责人的工作报告也以PPT的形式先发到每个小组。

为了让与会者更好地参与到研讨交流中，李总作为此次会议的促动师，按照聚焦式会话法的会议框架提前做了会议流程设计（如表6-2所示）。

情境：半年度的业绩数据统计出来了，公司希望和全员一起总结这半年的经历，并制订下半年的行动计划。

表 6-2 聚焦式会话会议流程

环节	主题	负责人	时间
开场	欢迎、介绍会议议程及目的，引出领导讲话	主持人	3分钟
董事长讲话	总结半年来的工作业绩，介绍下半年的发展规划	董事长	30分钟
说明规则	介绍会议环节、规则，请各组小组长开启讨论	主促动师	5分钟
第一轮讨论（数据层面）	1. 刚才董事长的讲话，哪些观点或数据引起了你的注意 2. 过去半年来，哪些事情给你留下了深刻的印象	桌促动师	20分钟
第二轮讨论（体验层面）	1. 前半年的工作，你觉得我们做得成功的地方有哪些？你觉得自己最有成就感的是什么 2. 你在哪方面的工作陷入了困境（哪些地方让你觉得不够顺利？）		20分钟
休息10分钟（各组自行休息）			
第三轮讨论（理解层面）	1. 伙伴们分享的哪些经验值得我们借鉴并保持 2. 你觉得我们要完成下半年的目标，关键的因素有哪些	桌促动师	20分钟
第四轮讨论（决定层面）	1. 你需要得到哪些支持 2. 要完成下半年业绩指标，我们必须解决的一两个大难题是什么 3. 我们下一步的关键行动是什么		20分钟
小组研讨成果展示	每个小组的汇报员带着本组的大白纸上台汇报本小组在各个环节的研讨成果	小组汇报员	30分钟
结束语	感谢大家坦诚的交流与智慧的贡献，后期将会把大家提出的建议或需求整理出来，交由相关部门负责落实	李总	2分钟

理性目的：分析半年来的业绩完成情况，明确下半年的业绩指标与行动方向。

感性目的：肯定半年来员工的付出与贡献，提高全员对指标实现的参与度。

第六章 行动会议第二步：连接智慧

当这些准备工作全部完成之后，李总就信心满满地等待着年中会议的到来。

会议当天，大家一走进会议室，便被温馨的会场布置吸引：墙面上贴了一些手绘画；会议桌不再是死板的、坐上去就感觉压抑的课桌，而是铺了柔和桌布的圆桌；每张圆桌上还放了大白纸和花花绿绿的彩笔……

员工们新奇地围桌而坐。简单开场后，董事长讲话。董事长的第一句话是："李总要求我在30分钟内做完报告。"会场立即响起了雷鸣般的掌声。接下来，大家都非常认真地聆听董事长的报告。董事长做完报告后，李总就登场了。

李总说："我今天不是以行政总监的身份来主持这个会议的，而是以促动师的身份，每个小组里还有一名桌促动师，我们将和在座的各位一起共同经历一个全新的旅程。接下来，请我们每个小组的促动师开启第一轮讨论。"

这时候，提前培训过的桌促动师们就向小组成员提出了第一个问题：刚才董事长的讲话中，哪些数据和观点引起了你的注意？

组员们一下炸开了锅，七嘴八舌地说开了。这时候，桌促动师又宣布："我们每人只有1分钟的发言时间，请计时员做好计时，请记录员把大家分享的关键词记录在大白纸上。好，现在请从我右手边的伙伴开始。"会场一下子安静了许多，每个小组就只有一个人讲话的声音了。当一个人发言完毕之后，桌促动师就用"请"的手势提示下一位，依次类推。有的说，董事长说我们上半年只完成了全年业绩指标的35%，这个数据引起了我的注意；有的说，董事长说，下半年我们有个新的研发产品将面市；有的说，代理商数量今年比去年增加了7家……第一轮讨论，各组都顺利完成。

接下来，桌促动师又提出了第二个问题：过去半年来，哪些事情给你留下了深刻的印象？

大家开始陷入了沉思。大概30秒后，有人举手，桌促动师说："好，想好的伙伴可以先回答。"第一个伙伴发完言后，马上又有伙伴接着发言。从这一轮大家的发言中可以看出，每个人对公司、对身边的伙伴关注点都不一样。

经过两轮讨论之后，组员们对讨论规则有了基本的了解。由于问题的答案没有对错，都是基于自己的理解发表观点，这些电商行业的年轻精英们各抒己见，有的人甚至滔滔不绝。这时候，计时员会提醒发言人发言时间已到，发言人不得不赶紧刹车。由于每个人的发言时间都是有限的，这就要求组员们必须简明扼要、提炼重点、组织好语言。

当被问到"半年来，你觉得我们做得成功的地方有哪些？你自己觉得最有成就感的是什么？你在哪方面的工作陷入困境"时，有的组员甚至流下了眼泪，讲述某次为了一个客户的特殊要求，研发部会同技术部连夜奋战，三天内查了很多资料，甚至请教了"黑客"高手，攻克了一个技术难题，三天后准时向客户提交了解决方案。有的组员表达了新入职员工工作无从下手，却又不知道该怎样争取支持的委屈。在这个环节中，大家的情绪都得到了关注，桌促动师也暗示计时员，在组员倾诉的时候不要打断他。记录员也很认真地把每个人关注的焦点记录在大白纸上。

这个环节下来，各个小组的分享进度拉开了差距，李总示意已经完成的小组可以自行休息，补充些茶水点心，不要干扰到其他小组的分享。

接下来讨论的问题是：哪些经验值得我们借鉴并保持？你觉得

第六章 行动会议第二步：连接智慧

我们要实现下半年的目标，关键的因素有哪些？这个环节中，组员们提出了不少很有创意的建议，比如增加读书会活动、统一价值观、培训代理商的客服、竞聘上岗、打造阶梯性价格产品、开拓代理商的招募渠道、每日以部门小组形式分享工作成效等。李总和董事长在小组间"游荡"，看到员工们提出了这么多有价值的建议，十分开心。董事长还忍不住在旁边叫好，不时地说：这个好，这个好，回去后要专案研讨……

最后一个层面的问题是：要完成下半年的业绩冲刺，你需要得到哪些支持？你最想解决的一到两个困难是什么？我们还可以再做些什么？在这个环节中，员工们提出了培训的需要、专业能力提升的需要、客服支持的需要、客服综合能力提升的需要、优选代理商重点培养并优惠政策扶持的需要等。

讨论结束后，各个小组汇报员上台汇报本小组各个环节的研讨成果，董事长、李总和几位部门经理不停在记笔记。这个场面，和过去管理者在台上滔滔不绝、员工在下面机械地做记录的情形，形成了鲜明的对比。

会议进行了3个小时，所有参与者意犹未尽，还在讨论。董事长看到员工们这样积极坦诚地探讨，非常开心。这是以前会议中从未有过的现象。李总将每个小组记录了满满成果的大白纸细心地收好，准备将好的建议整理出来，专案研讨；将员工的一些需求也整理出来，分项归类，然后组织对口部门解决。

会议到此圆满成功，李总露出了会心地微笑，她已经开始策划如何用聚焦式会话法来重新设计公司重要的部门例会了。

（本案例由WFA认证F5促动师范晓静提供）

团队共创法（Team Consensus Method）——帮助团队快速达成共识

我们常说，团结就是力量。这意味着，需要将个体能量转化为集体能量。然而，集体能量并不是个体能量的简单叠加。个体的经验如何转化成为组织智慧？将个体能量转化为集团能量的机制又是什么呢？要想解答这些疑问，首先就要了解组织的核心竞争力情况如何。

组织的核心竞争力主要由三大关键因素构成，即产品、人才和组织智慧（如图6-2所示）。其中，关于产品、人才，已经有众多方法为企业所用，隶属组织智慧的文化、制度、团队也有很多方法论可供使用。唯有共识却被众多企业忽略。而共识恰恰是企业迫切需要达成的。将个体智慧转化为集体智慧，需要在团队中形成一种"共识机制"。于是，团队共创法应运而生。

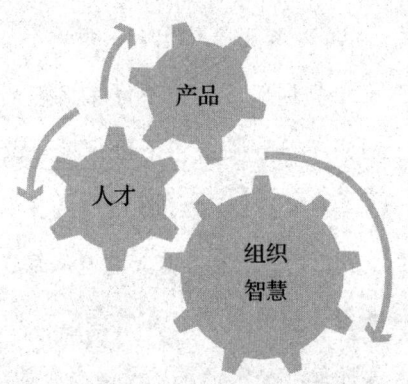

图6-2　组织核心竞争力的三大关键因素

团队共创法也是由ICA研发并在全世界推广的一种促动技术。20世纪60年代，ICA完成了团队共创法的研发，将其作为团队问题解决如何达成共识的标准工具开始使用。20世纪70年代以后，团队共创法经过不断演化，逐渐形成了沿用至今的五大步骤。这五大步骤具体如下。

第一步，聚焦问题。

明确本次团队共识之旅需要回答的问题是什么，以及这个问题为什么那么重要。促动师需要在该环节促进参与者通过提问对上述问题进行梳理。

第二步，头脑风暴。

通过头脑风暴收集团队成员的想法，并使参与者对各自提出的想法进行思考。在这个环节，促动师需要给大家一定的时间，让他们各自独立思考，并将想法写在卡片纸上。促动师要鼓励参与者将所想到的想法都写下来，不要顾虑是否会出错。独立头脑风暴环节完成之后，从中选出最有创意且实施后效果最大的想法，想法个数维持在 20～40 个。

第三步，分类排列。

这个环节是用来梳理散乱的想法的，以新视角发现不同想法之间的联系。促动师会引导参与者将交上来的卡片进行归类。如果遇到单张成列的卡片，就需要将其合并到其他列，或者放到"停车场"去。同时，为了能够帮助团队更好地记忆和思考，最终获得的列数最好在 3～7 类。过少属于过度合并，会影响下一步骤；过多又过于分散，不利于记忆。

第四步，提取中心词。

这一环节的目的在于帮助团队从一堆归好类的意见当中产生一个完整的新想法。这个新想法不是团队想法的简单叠加，而是在团队整体想法基础上的整合和拓展。在这个环节，促动师需要促进参与者逐列去发现每列卡片共同表达的是什么，隐藏在这不同想法背后的真正含义是什么。由于所提取的中心词是在所有人想法基础上产生的新想法，所以不能简单地从该列的想法里面找出一个能够涵盖其他想法的卡片作为中心词。

第五步，图示化赋予意义。

这一环节是将所产生的新想法进行结构化的过程，通过创造出来一个合适的图像来反映新想法之间的关系，确定在问题解决的过程中不同想法所起到的作用是什么。

第六章 行动会议第二步：连接智慧

团队共创法通过这五个步骤使参与者能够说出个人的想法，并综合所有的观点和见解形成新的想法。它让人们尊重并理解彼此的观点和体验，看到自己的观点和别人的观点之间的关系。与此同时，它打开并拓宽人的视野，使每个人获得对现实的不同看法。它让团体彼此倾听，不发火、不急躁地汇聚各自的智慧以做出决定。会议中，当参与者陷入争论或者对观点的辩护时，人们往往忘记了来开会的目的是为了找出解决方法，却忙着为了维护自己的面子而不断表达个人观点。

团队共创法通过这五个简单有效的步骤，让参与者贡献自己的智慧以找出一个更好的解决方案，使参与者从争做会议的主角变为共同的创造者。

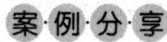

任店长利用团队共创法解决困扰门店的难题

N连锁酒店是一家有着20几家分店的知名企业。任女士任店长的分店位于被称为"中国好莱坞"及"中国红木家具之乡"的横店镇。分店生意不错，业绩在集团内部位居前列。同时，她也有一些隐隐的担心：门店的员工多数是来自周边农村的"90后"，工作积极性不高，容易因琐事离职。而且由于离职率偏高，关于门店宣传、提升出租率等工作都落在任女士一个人身上，这让她感到疲惫不堪。

不过，自从在集团培训中接触到促动技术之后，她就决定用这种新方法来激发大家的积极性。于是，一回到自己的店里，任店长就向各部门负责人和核心员工发出了会议通知，并向大家告知会议的主题、时长，以及要达到的目的，请大家在开会之前进行思考，并搜集相关资料。

会议开始前，任店长请一位门店员工做自己的助理，并根据预计的参会人数就会议所用的物料进行了准备（如图6-3所示）。

团队共创法物料准备

1. 笔：彩色记号笔一盒（12支装）
2. 胶：3厘米宽美纹胶一卷
3. 纸：A5卡片纸100张，A1、A2、A3纸各2张，便利贴3本
4. 计时器：1个

图6-3 团队共创法物料准备

会议开始后，任店长一改以往长篇大论的做法，先是就会议的主题及目的对大家进行了说明，然后和大家分享了现在公司各门店出租率水平、所处地理位置特征、同区域其他酒店的出租率水平。这些数据使与会者了解到：虽然门店在集团的整体排名靠前，但相对于同区域的其他品牌及无品牌酒店来说，出租率仍不高，有很大的提升空间。

之后，任店长请大家谈谈在工作进行过程中发现的问题，包括自己的和同伴的。大家一边谈，助理一边记录。大家发言完毕后，任店长进行了归纳总结，发现发言主要集中在以下几个方面。

第一，周边小酒店数量多，价格便宜，且多数离景区很近。不少游客图省事就直接在它们中进行选择了，很少有人注意到景区附近还有一家知名酒店N酒店的分店。

第二，员工工作技能有待提高。前台员工在接待的时候不能100%做到微笑服务，非前台员工见到客人的时候很少打招呼。另外，令客人等待的事情也时有发生。

第三，同周围其他酒店相比，除了有品牌优势之外，没有突出的特色服务。比如，其他酒店会设置麻将房等，而本店只有最基本的客房和早餐。

第四，本店员工离职率高，稳定性差，大家常常忙不过来，感觉压力很大。

第六章 行动会议第二步：连接智慧

根据大家提到的问题，任店长和大家一起确定了门店出租率提升的关键问题——如何提高门店知名度。任店长请助理用深色的笔在一张事先画好的带红框、有一个靶心状图标的 A3 纸上将该主题写了出来，贴在一面空白墙上。

接着，任店长请助理将便利贴分给大家，请大家用 10 分钟的时间思考这个问题，并在便利贴上写出思考的结果。每个便利贴上写 1 个，控制在 10～20 张。完成之后，以组为单位进行分享，每个小组需要选出 5 个最佳想法，写在 5 张 A5 卡片纸上。

更重要的是，这 5 张卡片的写法要遵循一定的原则。首先，这几张卡片要横着放。其次，每张卡片只能写 1 个观点，且是小组成员达成共识的结果。再次，每个观点不超过 12 个字。最后，卡片需要用彩笔书写，而且字要足够大，以保证所有与会者都能看见。

另外，在大家讨论、书写想法的同时，任店长和助理一起撕好 4 厘米左右长度的美纹胶约 30 条备用。在确定大家都完成任务之后，请每个小组找出"最希望立刻与大家分享"的两张卡片交给任店长。

任店长拿到卡片后，一边念出纸上的文字，一边将卡片贴到墙上。贴完第 3 张准备开始贴第 4 张时，任店长开始动员了："许多时候，我们虽然用的是不同的文字，但是表达的意思却是相近的，以下再念到的内容，大家如果认为表达了相近的意思，请提出来，我将把它们放到一列上。"

在做分类排列的过程中，任店长没有加入个人的解读，也没有去引导大家卡片应该怎么排列，她仅仅是念出卡片的内容，然后请大家决定应该归入哪一列或是单独成列。

当所有卡片都"上墙"后，任店长发现他们排出了 8 列，而且有几列仅有一张卡片，于是她告诉大家："因为这是一趟'共识之旅'，所以不能出现'孤儿'，也就是一张卡片成列的情况。另外，据心理学家研究发现，人们的大脑记忆最佳范围是7±2个组块。现在就让我们来看一下如何帮助每一个'孤儿'找到它可以去的'家'？"

她逐张找到"孤儿"，念出上面的内容，并询问大家："大家认为它可以去哪一列？"大家重新思考后，将大部分的"孤儿"与其他列进行了合并。但是，在为"推出特价房、限时房"这张卡片归类时，大家的意见出现了分歧。其中一方认为，这个想法应该和"开发会议室"等想法放在一列，另一方则认为应该和"添加有特色的装饰品"放在一列。双方谁也说服不了谁。

为了进一步厘清事实，任店长请双方分别澄清主张的原因。一方认为，因为特价房、限时房的推出需要改变房间的设施，所以应该是与硬件相关的；另一方则认为，特价房等和特色装饰品一样是为了招揽客源，增加客流量的。弄明白了双方所持理由，任店长最后请想法的提出者小张讲一讲他写这个想法的原因，以及倾向于放在哪一列。小张想了想，说他还是倾向于招揽客源这方面。于是，"推出特价房、限时房"最终放在了"添加有特色的装饰品"那一列。

所有卡片成列后，任店长告诉大家，接下来即将进入提取中心词的环节，并从卡片最多的一列开始。解说完毕，她拿出一张画好红框的A5卡片纸，放在最长的一列卡片之上，并将此列卡片内容全部读了一遍，请大家为此列卡片命名。命名之前，任店长向大家宣布了命名规则。

命名规则主要包括四个方面。第一，中心词能够回答主题，并涵盖该列的所有想法。第二，中心词在6个字左右，最好不超过10个字。第三，如果是回答诸如"如何"这样的问题，中心词需要有动词。第四，中心词不能与该列卡片中某一张完全相同，而需要能涵盖其内容。

最长一列完成之后，依次是次长一列……在完成所有列的中心词提取后，给每一列标号；同一列的标记同样的数字，以方便之后整理时知道这些是同一列的（如表6-3所示）。

表6-3 团队共创中心词提取

中心词	1. 加大宣传力度	2. 硬件完善与维护	3. "诱惑"客源	4. 开创旅行社	5. 客户开发及维护
每列的建议	1. 通过邮件、微博、微信等媒介提供优惠信息	2. 发展一定量的非正式渠道商，进行合作	3. 推出我们店的特色服务，可以发挥地理优势，做一些景点介绍的宣传册	4. 我们实行自驾游，打破横店的垄断	5. 发展本地客源和协议单位
	1. 在景区投放宣传手册	2. 添加一些有特色的装饰品	3. 举办活动，给予奖励，赠送礼品	4. 白天游横店，第二天游磐安，改变旅游线路	5. 提升服务品质，微笑，做到客问即答，客未问即知客所问
	1. 加强团购的能力	2. 开发会议室	3. 客人自己带朋友过来，房价优惠		5. 发展周边企业机关，为协议单位，并做好回访
	1. 去景点进行宣传，让游客知道横店镇上有一家N连锁酒店	2. 作为新开门店，去除装修上残留的气味，不让客人有不适感	3. 添加一些有特色的装饰品		5. 发展固定客源（例如大厦办公区域的客源、写字楼）
	1. 网络媒介、异地宣传，固定客源和协议单位维护稳固	2. 完善客房内宾客用品的种类	3. 推出特价房、限时房		
	1. 到各个景点发放自己门店的宣传资料	2. 开通数字电视			

提取中心词完成后,任店长请大家讨论:我们可以创造一个什么样的形象化的图示来给讨论成果赋予含义?经过讨论,大家决定用一棵大树来进行图示化(如图6-4所示)。

图6-4 N连锁酒店横店分店团体共创树形图

前台的小张还为大家阐述了这张图的内涵:我们认为,如果把"提升门店知名度"这个主题看作一棵树的话,树根,也就是最基础的工作是"硬件的完善与维护",因为不管你的服务有多好,如果硬件太差,客户也不会选择你;树干,也就是起作用最大的,应该是"加大宣传力度";"'诱惑'客源"和"客户开发及维护"应该是树枝,在有一定的客户量的基础上会增加我们的营收;"开创旅行社"则是树叶,是在酒店发展得特别好的情况下可以开展的副业。

最后,任店长让大家决定愿意为哪个新想法的实施负责。后勤部的小陈领了"硬件完善与维护",前台的小张领了"加大宣传力度",餐饮部的小刘领了"'诱惑'客源",任店长的助理小郑则领了"客户开发及维护"。

想法领完之后,其他人也报名参加了不同负责人的小组,并立刻组织会议确定下一步该怎么去做。任店长从开店以来,从未像今天这样切身感受到店员们认真而投入的劲头儿,她决定继续报名参加公司组织的其他促动技术的培训。除了达成共识,她还想如何促进大家把想法落地呢!

(本案例由 WFA 认证 F5 促动师王乐提供)

世界咖啡(The World Cafe)——深度对话,创造群体智慧的汇谈之旅

远古时代,我们的祖先围着篝火唱歌、聊天,在苍穹星空下以一种原始质朴的方式来交流。现代社会,很多妙不可言的新想法也是直接在咖啡厅的交流中绽放成果的。1995年,朱安妮塔和她的伙伴们在一个雨天参与了一次来自七个国家的企业经营者、顾问及研究人员的聚会。也正是由于这个契机,朱安妮塔意外地创造了"世界咖啡"。

因为是雨天,聚会的朋友们不能去户外,朱安妮塔和她的伙伴们便把客厅变成了咖啡厅。在咖啡和美食中,不同桌子的伙伴边在白纸上画边聊。有的伙伴在聊天过程中提议去别的桌子"串门",这样可以融合不同小组的想法。当汇谈结束时,大家惊喜地发现,群体的智慧竟如此自动自发地浮现了出来!人们通过来回走动,自然而然交流融合的智慧,显得那么有力又那么妙不可言。

世界咖啡可以在安全、平等、友好的氛围中,营造出令人心动的群体交流方式。通常,汇谈的话题是特定的问题。汇谈可以在组织内部不同人群间展开,也可以在不同部门间展开,还可以在来自不同背景、不同组织

的人群中进行。世界咖啡就是通过集体对话产生集体智慧的一种方式。

进入移动互联网时代之后，管理者已经在工作环境中切身感受到了部门协作不佳带来的困扰。由于大工业时代形成的管理模式，大家都习惯于只关注自己那"一亩三分地"的工作，组织中没有建立一种灵活的、弹性的团队协作流程，导致管理者深陷协调困境，如蛛网缠身，找不到应对方法。长此以往，无论是管理者、员工，还是整个企业团队，都很难得到提升和发展。

世界咖啡让参与者从既定的模式中解放出来，使他们能够用全新的视角来看待自己和团队，从而进行深度汇谈。所谓深度汇谈，是指在对话过程中，人们并不会去评判对错，而是表达自己的想法，就像每条溪流都流入大海，每个人的观点都是那条小溪。世界咖啡中的深度汇谈通过分享对话的意义，在群体和个体中获得新的理解和共识。深度汇谈不是辩论，不是领导"一言堂"，不是简单交换想法，而是一种集体参与和分享。

世界咖啡的主要特质是跨界，让"有差异"的人聚焦主题，真诚对话。世界咖啡倡导的规则为"理解、欣赏、联结、聆听、随手记录和涂鸦"，即在沟通中理解彼此的陈述和想法，对他人的表达带着欣赏和真诚的态度，深度聆听对方表达背后的真意，随手记录关键想法，同时用彩色的笔绘制大脑中浮现出的图案。世界咖啡以全新的角度把"对话"当作一个核心流程，让团体和组织通过对话去改造周围环境。同时，世界咖啡汇谈总在轻松的气氛下开始，让参与者轻松打开话匣子，全心投入对话。

从理性层面来看，世界咖啡规则带来的深度汇谈成果是提高参与者的对话力，从而在之后的日常工作中建立可持续使用的连接关系；从感性层面来讲，可以帮助大家放下防备，真诚对待，彼此了解。将世界咖啡应用在跨部门沟通的管理上，跨部门沟通中本位主义、封闭主义、推诿主义等阻碍要素会在世界咖啡的包容下，在对话过程中瓦解，并可以以世界咖啡为起点,开启后续专项沟通和日常沟通更加有效连接的可能性。

企业管理者应该如何应用世界咖啡,从而让它成为跨部门沟通的一项法宝呢?具体工作可以通过以下8个步骤来做。

第一步,设定情境。

首先,管理者在启动前需要厘清几个问题。比如,自己为什么要做这场世界咖啡,目的是什么,需要邀请哪些人参与,需要准备什么样的空间。我们需要了解召集世界咖啡的目的,以及从世界咖啡中希望看到的最好结果。

其次,管理者需要对时间、地点等做好设计。无论是世界咖啡,还是我们提到的任何一种行动会议,都需要提前做好以下五项关键设计。比如,主题与目标是什么,选择哪些促动技术来达成目标,需要营造怎样的空间氛围来促进目标达成,需要怎样的议程,需要形成怎样的行动计划。

第二步,营造友好的空间。

世界咖啡研讨要取得更好的效果,就需要管理者尽量把房间布置得温馨美好。如果地点选择在企业的会议室,可以买几张桌布,把会议桌布置得像咖啡桌一样,选一些轻松的音乐。如果条件允许,可以放上一些绿色植物、可爱的桌面摆设等;在墙上可以贴上"欢迎大家来到×××世界咖啡",并运用咖啡桌礼仪,实现小组分工(桌促动师、计时员、记录员、汇报员)。

为什么要营造这样一个空间呢?请大家回忆一下自己去咖啡厅时候的状态。通常很轻松,对不对?而且,非常神奇,一些非常棒的想法往往也是在咖啡厅的对话中产生的。这是什么原因呢?与咖啡厅营造出来的氛围有关系。

曾经有一位管理者在接触到世界咖啡之后,将自己企业的会议室改装成咖啡馆的样子。结果,在这间会议室里,大家的奇思妙想层出不穷。

第三步，设置问题。

一次世界咖啡的对话可以集中精力探索一个问题，也可以针对多个问题从不同角度寻找答案。好问题会有好答案，有积极能量的、引发思考、耐人寻味的问题将开启世界咖啡对话的魔力。

以惠普公司为例。有一次，在世界咖啡研讨会之前，公司向与会者表达了这样一个主题——"惠普如何打造一个世界一流工业实验室"。结果，应者寥寥。在经过一次团队的头脑风暴后，主题修改为"惠普如何为世界打造一个一流的工业实验室"。结果，人们想要参与的热情远远超出想象，甚至一些公司以外的专家、其他公司的技术高手知道后，都致电他们，希望能够参与到研讨会中来。

为什么前后两次反响差别如此巨大呢？这是因为，前者的出发点只是为了自己，不熟悉情况的人很难提供意见；后者则希望为世界贡献一个一流的工业实验室，从而激发起有能力、有热情的参与者们想要贡献自己的智慧，这个问题本身已经打破了公司的界限，唤起了人们内心深处的奉献意识与责任感。这就是一种有能量的、引发人们思考的问题。

英特尔在早年一次世界咖啡研讨会中，向与会者提出这样一个问题——20年后人们会有怎样的行为习惯？与会者中有人类学家、心理学家、行为学家、公司管理者、IT技术专家、未来学者等。此次会议的具体讨论内容已经不得而知。然而，此次会议的成果之一是英特尔研发出了无线上网技术。参与者跨界的背景是一个关键，但毋庸置疑的是英特尔提出的是一个有能量的、引发无限思考的问题。

当企业想要产生颠覆式的创新，引领行业发展，甚至引领人类的发展时，你提出的问题就是你的格局。

第四步，主持开场。

所谓主持开场，就是欢迎大家，介绍世界咖啡的目的和相关探讨流程，分享与主题内容相关的知识。管理者在开展一场世界咖啡时,最好能够提前发送相关知识与会议流程给参与者,以便大家熟悉相关流程和思考方式。因为对于从没有接触过这种研讨方式的人来说,世界咖啡可能会挑战大家传统的研讨习惯。世界咖啡的成果是以一种乍然出现的形式呈现的,普及需要一定的时间。所以,管理者如果第一次主持世界咖啡,需要做好预热工作,打好预防针。

第五步,开始汇谈。

以上四步完成后,管理者作为促动师,就可以开启世界咖啡之旅了。提出汇谈的第一个问题,在幻灯片或墙纸上呈现;让各组人员相互介绍;确定好桌长(即桌促动师)、计时员等;铺开桌布(桌布通常是一张盖满桌面的大白纸),在汇谈时鼓励大家将想法记录或涂鸦在桌布上。

促动师在第一轮,为了吸引大家对主题的注意力,充分贡献智慧,可以向小组成员提出以下能促进思考的问题。

- 关于这个主题,目前我们拥有哪些信息?还需要搜寻哪些信息?
- 大家觉得我们探讨的问题有什么重大意义?
- 这个主题中对你来说重要的是什么,你为什么在意它?
- 你到这里来参与研讨的目的是什么?
- 静静思考一下:在这种情况下,我们还有什么机会?
- 这种情况下,我们面临的困境或机遇是什么?
- 在这个问题上,你的观点背后的假设是什么? 与我们有不同观点的人会如何挑战我们这些假设?
- 如果现在站在月球上看这个问题,你有哪些新的想法?

第六步，旅行采"蜜"。

在上一轮汇谈结束时，促动师可以请桌促动师及一名记录员留下，其余的人做"小蜜蜂"，"飞"到别的小组贡献智慧也收获智慧。"小蜜蜂"可以顺/逆时针"飞"到下一组，也可以如同天女散花一般，同步"飞"到不同的小组去。如果时间允许，可以"飞"2~3轮。

促动师让"小蜜蜂""飞"出的方法很多，基本原则是"混搭"，就是不同小组的参与者最大限度地进行交流。比如，可以给大家不同颜色的笔或者杯子，在"飞行"前请拿同颜色笔/杯子的"小蜜蜂""飞"到一组去。促动师在"小蜜蜂"落座后，请"小蜜蜂"将主要的想法、主题或者问题带到新的讨论中。

桌促动师要欢迎新伙伴并带领大家自我介绍。至于具体形式，可以请组内的记录员介绍，也可以自己介绍刚才本桌的想法、主题及问题，也请"小蜜蜂"将这桌的想法和他们刚刚讨论的内容做连接。

为了促进来自不同小组的伙伴们连接彼此观点，桌促动师可以提出以下问题。

● 大家聆听了来自不同小组伙伴的观点，在我们小组里有哪些想法之间产生了连接？在各种观点的背后，我们听到了什么？

● 刚才的汇谈中出现了哪些新的观点？你想做哪些新的连接？

● 对话过程中哪些对你来说有真正的意义？哪些让你感到兴奋/吃惊？哪些让你感到迷惑？哪些对你来说是一种挑战？

● 到目前为止，我们的桌布上还缺少什么？我们还希望看到哪些内容？哪些地方我们需要更加明晰？

● 到目前为止，你从伙伴们的对话中主要学习到什么？

● 我们还需要哪些更深层次的思考？

第六章 行动会议第二步：连接智慧

第七步，总结汇谈。

最后，"小蜜蜂"回到本桌，把从其他桌采集的智慧贡献到本桌的主题上。

在这个环节，桌促动师请留在本桌的伙伴先分享其他"小蜜蜂"贡献的智慧。之后，请"飞"回的"小蜜蜂"分享采回的智慧。在大家观点充分地相互连接后，桌促动师可以向组员提出以下问题来启发小组组员开拓创新，或者产生下一步的行动。

● 如果我们要对此问题进行创新与变革，需要采取什么行动？
● 我们如何让自己能全身心地投入到行动中？
● 下一步，我们的注意力需要马上集中到哪里以取得进展？
● 如果有一根"仙女棒"保证我们能百分之百成功，你会选择实施哪些大胆的举措？
● 我们应该怎样互相帮助开展下一步活动？我们各自愿意贡献什么？
● 我们会面对什么样的挑战，怎样应对？
● 我们怎样才能为未来创造更多的可能性？
● 我们今天播下什么样的种子才会对未来有重大的意义？

第八步，集体分享。

通常，在世界咖啡结束时，促动师可以邀请小组来汇报本组的成果，促进小组间进行一次全体分享和交流，可以请小组伙伴们将自己小组的桌布张贴在墙上。此时，桌布上已经写满了文字，画满了图画。如果桌促动师有经验，或者组内拥有绘画能力的参与者，这张充满智慧的桌布将如同艺术品一般呈现在众人眼前，也将再次激荡起现场伙伴高昂的情绪。人们会纷纷给桌布拍照，惊叹小组成员智慧的结晶是如此惊人。

世界咖啡鼓励每个人都发表自己的观点。其实，一些平时看起来不怎么喜欢说话的伙伴，在世界咖啡的曼妙氛围下，常常一鸣惊人，展示耀眼的智慧。

第六章 行动会议第二步：连接智慧

世界咖啡成功的关键之一是鼓励参与者在不同的桌子间走动，和不同的伙伴交流，贡献和连接想法，从而把小组的汇谈扩展成全场的汇谈，不断把彼此多元想法做连接，碰撞出跨界智慧火花。

案·例·分·享
郑经理运用世界咖啡激发群体智慧

2013年年初，G汽车公司面对内部市场竞争和外部战略转型的处境，推出一个跨部门项目——"精品工程"。"精品工程"项目要求四大分厂（冲压、涂装、焊装、总装），以及人力、采购、物流、质量等部门高度协同，各部门需要分解工厂的整体质量目标，围绕分解目的制定关键行动并实施。

项目启动大半年了，质量部的郑经理作为项目经理没少花心思，但是项目却没有什么进展。大家还是集中精力做自己原来做的工作，没有投入什么时间精力在"精品工程"上。郑经理看在眼里，急在心里。更要命的是，集团总部正在检查这个项目的进展情况，并准备通报项目拖延的现状。

为此，郑经理找到集团总部来检查项目情况的马总，把自己的苦恼与困惑和盘托出："马总，您不知道啊，我们这个项目是需要各部门协同作战的，比如人力部门的关键行动需要其他部门支持，总装厂的项目也少不了采购、物流等部门参与。可是，这几个部门好像没有什么配合，不是老死不相往来，就是因为一个问题吵翻了天。就拿前两天那件事来说吧，总装厂因为生产计划数落物流部门物料送料不及时，物料却说总装厂没有及时发送物料出来……项目都开始大半年了，也没有什么进展，真是让人着急。"马总聆听了郑经理的苦水，建议他可以创造一次各部门真诚对话的机会，让大家走进彼此的内心，了解彼此的想法。

于是，在马总的指导下，同样学过世界咖啡促动技术的郑经理设计和策划了一次跨部门沟通的世界咖啡活动。

G汽车公司处于郊区，附近没有咖啡厅或可以布置成咖啡厅空间的场所。项目组在多次考察后将地点定在一个车间员工休息点，有绿被点缀环绕，环境比较符合世界咖啡的要求——轻松美好，让大家卸下心理防备。

在郑经理的大力邀请下，来自人力、采购、制造等部门的领导及核心人员等21人在约定的时间聚到了一起，在郑经理的主持下开始了一场名为"精品工程与职业幸福感"的主题活动。21个伙伴分成了4个小组。

活动开始前，郑经理带领大家做了暖场活动——大家全体起立，各组排成一列，为本组伙伴捶背、揉脖子、掐腰。在亲密无间的"身体按摩服务"活动中，大家都变得轻松起来。

接下来，郑经理介绍了世界咖啡的桌礼仪："欢迎大家来到'精品工程和职业幸福感'世界咖啡研讨会。一开始，我就被大家温暖的互助服务感动了。接下来，让我们一起来看看对话需要遵守的礼仪是什么。需要遵守的礼仪一共包括六条。第一，彼此理解和尊重，设身处地，感同身受。第二，欣赏彼此的观点，而非批判。第三，寻找共识和连接，而非寻找差异。第四，用心聆听彼此的分享。第五，鼓励大家记录和涂鸦主要的想法。第六，遵守时间。在今天的这场对话的旅程中，我们会有异'花'授'粉'的旅行，在座的伙伴中会有'小蜜蜂''飞'到其他的小组采'蜜'。我们会看到，我们的智慧成果就像大自然中小蜜蜂异花授粉一样，在不同小组伙伴之间的碰撞中产生。"

第六章 行动会议第二步：连接智慧

沟通一共有四轮。第一轮沟通，郑经理先提出了一个问题："关于今天的主题'精品工程与职业幸福感'，大家有什么心里话想要分享吗？"然后，每桌的伙伴开始在桌促动师的带领下进行讨论。郑经理观察到，现场呈现出一种轻松愉快的氛围，伙伴们都带着愉悦的表情来讨论和幸福有关的事情。

来自人力部门的伙伴小陈说："有幸福感的工作是工作价值得到认可。兢兢业业完成工作，我希望得到同事和领导的肯定，那种感觉是非常幸福的。"来自物流部门的小王说："我希望工作之外，能够实现工作和生活的平衡，能够有充分的时间陪伴家人。家庭幸福了，我们自然也会以更好的心情去投入工作。这种工作和家庭的兼顾，对我而言就是幸福的状态。"来自焊装厂的小胡谈道："幸福就是和团队一起互帮互助，一起学习和成长，共同解决问题、战胜困难，这种彼此陪伴的感觉比一个人孤军奋战更好，同时也是一种幸福。"来自采购部门的伙伴小蔡慢慢陈述："我觉得幸福很简单，就是能够在工作中不断创新，而自己的创新又不断被应用，这样的一种历程应该就是幸福吧。"……25分钟过去了，郑经理举起了手请大家静下来。

第二轮沟通，郑经理首先向参与者提问"旅行的意义"，有的伙伴回答"旅游可以放松自己"，有的伙伴回答"旅行可以看到不同的人和风景"。接着，郑经理通过"旅行"的概念引导大家开始新一轮"旅程"——除了桌促动师固守"家园"外，其他的伙伴做旅行者去往其他小组，比如第1组有3个伙伴分别"飞"到2、3、4组。

在新的小组组成后，桌促动师首先让大家就第一个问题进行互动，让伙伴们看看来自不同小组的伙伴对同一个话题都分享了些什么。来自涂装厂的小汤说："欢迎大家来我们这个小组，接下来也请大家彼此再认识一下，之后我会介绍我们的成果。"大家开始介绍自己,即便平时在工作中大家已经认识了,但是在这样的场合再来重新认识,也是比较有趣的事情。小汤接着介绍本组的成果:"我们这一组主要的观点是,有幸福感的工作是工作有乐趣,个人价值得到呈现,时间管理比较高效。同时,大家在工作之余可以一起娱乐和发展兴趣爱好,比如说演讲、绘画等。总结起来就是工作乐趣、个人价值、高效时间以及业务爱好。"来自2组的小陈介绍完刚才第一轮的汇谈结果后,来自3组的伙伴也开始分享:"我发现我们组的情况和大家都很接近,不过有一个点是大家没有谈到的,就是幸福感的工作并不是工作本身给予的,而是看我们对待工作的心态如何,我们活在当下,去虔诚地对待工作和遇到的工作伙伴,这便是幸福。"来自4组的"小蜜蜂"则说:"大家的想法都是异曲同工的,我想分享的是,要想获得幸福感,员工的工资福利要比较匹配。"

当大家分享完第一轮的汇谈结果后,接下来1组的桌促动师开始组织小伙伴们讨论"什么是精品工程?它有什么意义?"。大家开始分享观点,贡献智慧。有的伙伴说:"精品工程就是在有限的时间里,用精品团队打造精品工作模式,从而制造出精品车辆。对我们企业来说,目前是战略转型期,用户在关注车辆的质量之外更关注车辆给他们的感受,外型到内饰的每个细节都是需要成为'精品'的。"有的伙伴说:"细节决定成败,关注工作的细节,才能造出细节完美拥有魅力质量的产品。"……就这样,大家开始讨论起来,时间慢慢过去了,主持人郑经理举起来右手提醒大家本轮汇谈的结束。

第三轮沟通,郑经理继续促动各组伙伴进行"旅行",确保两轮汇谈后每组都能得到其他3个小组伙伴的想法和观点,并将想法观点进行交换和连接。桌促动师提出了一个引发智慧连接和深度思考的问题:"我们的观点有哪些连接,大家看到了哪些更加深层次的

第六章 行动会议第二步：连接智慧

含义？"

来自总装厂的小丁在组织大家彼此认识后，开始分享："我们也希望自己在工作中去发现工作乐趣。有的工作岗位都是标准化的，可能看起来每天都在做重复的工作，但我们愿意去做一些发现，比如做工厂质量统计的伙伴可以把统计表格做得更精致，并每天发短信报道讯息。"大家都认真聆听小丁的发言，有的伙伴还做了一些记录。

稍微停顿了一下，小丁又接着说："关于精品工程，它倡导的就是细节决定成败，我们每个部门都要围绕精品工程分解给我们的目标，做细节的工作并且在部门之间进行无间的合作。比如现场的物料出现批量质量问题，工厂现场要及时发送信息给物流部，物流部要马上调配物料到现场。现在我们的信息化还没有那么敏捷，需要大家彼此信息的及时传递。这段时间我们也要赶紧把信息化模式升级起来。还有，比如我们鼓励现场操作工多发些质量问题，那么人力部门是否可以支持设计一个问题发现数量作为奖金部分的计算依据。精品工程一定是各部门协同才可以完成的。好的，我的分享就是这样，接下来请'小蜜蜂'也分享一下你们获取的主要信息。"

随后，人力部门的伙伴小陈开始分享："经由前两轮的沟通，答案其实已经慢慢地浮现出来了。我觉得在达成提高精品工程同时又实现幸福感的提升，是自然发生的事情。最重要的一点，是给团队伙伴挑战自我、成就自我的机会，让他们在职业生涯有成长的机会。同时，部门内和部门外的团队合作模式要建立起来。一个高度协同的流程是需要的，不只是单纯的沟通。比如现场操作工发现质量问题后，如何快捷地传递给质量部，质量部如何敏捷地分配问题给责任人以便使问题得到及时处理和根治。一个高效协调的团队可以让每个人都在团队合作中感受到自己工作的价值最大化，从而提升个人价值认同感和幸福感。"其他伙伴在小陈分享完后,也都分享了自己的想法。现场的沟通氛围越来越好,伙伴脸上浮现的微笑是从心底自然绽放的。

世界咖啡最后一轮沟通,郑经理让大家回到原组,一起沉淀和分享在"旅途"中的体验和收获,引导大家将前三轮沟通的信息和各个组的信息进行连接,并使用创意海报的形式进行呈现,找出"如何提高精品工程并提高幸福感"最重要的3个行动。"小蜜蜂"都"飞"回到最初出发的小组,大家久别重逢,有很多话要说。大家开始一起将前三轮得到的主要信息做分享,借由大家共同的分享再来选出最重要的三点。

在最后一轮沟通结束后是集体分享,各组派汇报员进行演讲,全场聆听和互动。在这个环节,大家会惊讶地发现,每组的汇谈成果并非只来源于小组自己的伙伴,而是全场伙伴的集体智慧。第三组的桌促动师小牛走到大家面前,其他小伙伴拿着总结海报,分享开始了:"经由大家的共同探讨,我们小组认为,接下来要重点关注的三个行动是:第一,简化和优化跨部门团队和部门内部的工作流程,找到目前值得关注的流程,并在团队研讨下进行优化;第二,建立项目的激励机制;第三,建议团队学习小组定期进行学习和交流,计划每个星期有一次项目进展分享和学习交流活动。以上行动我们建议在一个月内启动和落地。"

活动结束时,现场形成一种令人感动的氛围,大家在郑经理的带领下,手牵手站成一个大圈,一起来回顾和分享体验。王厂长说:"在整个活动中,最大的体会就是每个人能阐述各自的观点,然后引发更多的思考。在汇谈中,没有对错之分,没有争论,只有每个人提出的新思路新想法去寻求可能性。"吴厂长说:"项目开展半年有余,公司各部门很少像这样坐在一起，围绕'我们是什么、做什么'来展开讨论，畅谈自己的想法。"项目成员小李说："拓宽了视野，打开了思绪的门，以后也要多和其他部门沟通。这次是一个起点。"

美好的世界咖啡之旅结束了。这次活动形成了推进"精品工程"关键行动方向的真正共识方案。对于"精品工程"项目，原本大家认为只要完成分解的质量指标就可以了，但通过汇谈，大家认为在员工关爱等方面同样需要更多行动。更重要的是，这次世界咖啡活动让大伙开始真正重新认识自己和伙伴，成为后续跨部门有效沟通的新起点。自从这次活动后，郑经理又阶段性地组织了一些跨部门团队的世界咖啡和其他行动学习工作坊，部门之间的墙好像慢慢消失了，项目的效果也慢慢呈现出来。

（本案例由 WFA 认证高级促动师金沙浪提供）

鱼缸会议（Fishbowl Meeting）——促进团队成员间有效反馈，营造团队反思的氛围

随着社会分工越来越细，工作流程越来越复杂，个人如同一台飞速运转大机器上的某个零件，越来越身不由己。巨大的工作压力让埋首其中的人们无暇顾及他人，枯燥的事务性工作使得人们越来越倾向于封闭自己，减少和他人的沟通。长此以往，一个可怕的后果就会出现，那就是人们看不到也无暇顾及自己的行为对周围的人或事物造成的负面影响。心的封闭是一切隔阂产生的根源。

俗话说，当局者迷，旁观者清。有什么办法能让个人或组织在深陷麻烦之前就能提早判明形势，客观评估自身工作的价值和意义，真心听取周围人的意见和建议，调整战略形成合力，实现多方共赢吗？有，答案就是

"鱼缸会议"。

　　从形式上来看,参加鱼缸会议的成员在促动师的引领下,本着真诚沟通、合作共赢的精神围坐在一起。某位被邀请进入圈中的成员("鱼"),接受来自于其他组织或部门成员的一切有利于其发展与提升的观点、建议。此时,圈中的"鱼"自始至终不能发言,只能倾听他人的意见和建议,这就好像是鱼缸中供人观赏的金鱼。参加鱼缸会议的其他成员会以真诚、恳切的言辞对"鱼"进行集中的反馈。之后,其他成员也轮流进入圈中,作为"鱼",接受伙伴们的反馈。在这种相互反馈的过程中,伙伴们的心门逐渐打开,坦诚交流的氛围也逐渐形成。

　　国内的管理者很多时候在管理过程中,不知道如何给予下属反馈,也无法引导团队成员相互给予真诚反馈。因为管理者很多时候无法正确处理团队成员面对反馈的自然反应:如果有人指出他的错误,他不是不买账,就是认为那是他人的责任。为什么会出现这种现象呢?

　　心理学的研究表明,人们都习惯性地将错误归结于自身以外的因素。这或许是出于自身的防卫心理,因怕担负责任而恐惧受到处罚;或许是认为法不责众,大家都这么做,我一个人做错了也没什么。例如,在一次半年度的销售会议上,销售经理面对惨淡的销售业绩而去责怪产品设计部门:"我们的设计和生产工艺都太落后了,对手从国外引进了一套全新的生产工艺,一下子就把我们甩在了后面,现在我们的产品根本无法和别人竞争,销售指标下降我有什么办法?"此时,总经理会责怪产品设计部门,而产品设计部门则会抱怨财务部门:"我们去年就知道对手调整了战略,要引进国外最新的生产工艺,当时就提了建议,向财务部要求拨专款引进全新工艺,但他们说没有预算,根本就不给我们机会,否则也不至于今年这么被动。都是他们看不清形势,太保守了!"

　　面对这样的问题,一次旨在提升成员间信息交流反馈、促进团队反思的鱼缸会议就势在必行了。此时，总经理可以作为召集人，把相关各方聚到一起，围绕问题交换彼此的信息，帮助各方以较快的速度和全新的视角看清自己的行为对其他部门以及整个组织的影响。

例如，总经理可以围绕"如何提升市场销售业绩"这个主题，把销售部、产品设计部和财务部等部门负责人召集到一起，同时邀请与"公司业绩增长"这个主题息息相关的各个部门负责人加入。当大家围坐在一起后，就可以把某个部门请进圈子中，这就相当于放置在"鱼缸"中，由其他部门来做评估了。要谨记，这个过程不是针对某个部门的批判会，而是本着坦诚沟通的原则，请其他几个部门借着作为"鱼"的这个部门所做的事情，逐一评价该部门在争创业绩的过程中取得的成果与亟待改进的地方，并给予意见和建议。

在整个过程中，被评估的部门不能说话、只能聆听，用心了解各方的意见和想法。当所有人的评价和建议完毕后，"鱼"表示感谢，然后退出，邀请下一个部门作为"鱼"进入，再展开新的一轮评价和建议。在这个过程中，伙伴们都有充分的时间进行反思，一种积极聆听、深入反思的氛围也就此慢慢形成了。

鱼缸会议既能充分促进团队反思力，也能迅速提升企业软实力。所谓软实力，也就是凝聚人心的力量。鱼缸会议强调成员间的真诚反馈，提倡理解和互信，营造温暖关怀的组织氛围，有利于塑造积极向上、坦诚沟通的企业文化，对员工的个人成长也具有积极意义。鱼缸会议的成功举办，有赖于营造良好的沟通氛围，布置舒适的沟通场地。座位安排应紧凑，便于大家放下紧张和防卫心理，打开彼此的心扉。这种基于成员间坦诚以待的信息交流和想法碰撞，能形成一个充满信任力量的心理场，为与会者的充分参与注入勃勃生机。

举办一次卓有成效的鱼缸会议事先需要做好筹划。首先需做的是规则设置，它要求所有人都能放下内心的防卫心理，以坦诚、包容的接纳心态用心聆听。通过这样的设置，作为"鱼"的当事人就能在其他成员对自己的反馈和评价中迅速找到自己的短板与不足，从而更高效率地完善自己。因此，在这个过程中，鱼缸会议的主持人掌握有效的促动技术，懂得如何建立规则、维护规则是一件非常必要的事情。

当管理者想要在团队中开展鱼缸会议时，通常需要经过以下步骤。

第一步，明确鱼缸会议的主题。

第二步，组织方向每位与会者都发一份邀请函，讲明会议的目的和主题，会议中应遵守的规则等。另外，管理者需明确告知自己是作为促动师的身份，而非作为领导的身份来主持会议的。

第三步，根据参加会议人数多少确定落座方式，在人数较多时确保每个小组配备一名促动师，以保证该小组的有效互动。

第四步，明确"鱼"和"水"的角色。会议开始后，每个人逐一作为"鱼"轮流坐在圈的中间，讲述自己的优点和不足。之后，邀请其他坐在周围的人，即"水"，逐一对"鱼"做建设性的评价和意见反馈。在这个过程中，"鱼"只能倾听，可以在一位成员说完后简单地说声"谢谢"，但不能做反馈；作为"水"的伙伴对坐在圈中间的"鱼"可以做出正确反馈和建设性的反馈（这一反馈要尽量结合行为和事实，避免主观臆测）。促动师的作用就是有伙伴违反规则时要及时干预，比如说"现在是'水'反馈的时间，请'鱼'先保持聆听"。

第五步，在他人的建设性反馈结束后，每位当事人（即"鱼"）均要给予真心的感谢。

第六步，会议结束后，可以把会议中得到的信息、建议和反馈内容整理出来，管理者据此对某些参与者提出的合理化建议和要求给予及时反馈。

要开好一次鱼缸会议，除了要保证流程顺利有效，还要注意以下事项。

首先，沟通环节至关重要。促动师要详细讲解规则设置，让每位参与者在做建设性反馈时，尽量以具体的事例做依据来叙述和表达，而非仅仅是个人情绪的传递。

其次，鱼缸会议是对话的一种形式，因此如果想作为领导批判会、检讨会，或是只有一个人讲其他人听的会议，不建议采取这种方式。

再次，促动师一般不在过程中做过多干预，如有必要才做适当引导。引导时应以提问的方式引发当事人的思考，可以采用积极反馈的句式，比如"在工作中，他做了哪件事情推动团队的×××（信任／建设性冲突／兑现承诺／承担责任／获得结果）？"；也可采用建设性反馈句式，比如"在工作中，他做了哪件事情导致团队出现了×××（缺乏信任／惧怕冲突／缺乏承诺／逃避责任／忽视结果）？"。

最后，管理者只要学会基于事实反馈，而非简单地表达自己的情绪、感受。

如何才能"对事不对人"地给予他人反馈？管理者需要掌握一个有效反馈的"SHARE 模型"。SHARE 模型提供了一个四步反馈的过程，从而让管理者能够基于事实反馈，具体如下。

S：Situation，实际情况——提供一个容易识别的时间地点。

正面反馈 POSITIVE FEED BACK	建设性反馈 CONTRUCTIVE FEED BACK
在上星期的员工会议中……	在星期四下午……

HA：How it was Approached，怎样观察到的——描述观察到的确切行为。

你同意跟进关于新员工入职培训的相关问题，并及时向人力资源经理提供情况汇报。	财务部苏红说她花了 10 天的时间才获得回应，而且这是在她发了 3 封电子邮件和留了 2 个语音短信以后才得到的。

R：Result，结果——描述行为的重要性，它所做出的贡献或造成的

损失。

| 你的工作使我们能够为这个项目提供有书面记录的反馈。 | 苏红现在不愿意在未来项目中再与我们合作了。 |

E：Expectation，对将来的期望——被反馈者需要巩固或改正什么样的行为。

| 我非常欣赏你的工作以及你对本项目的投入。这确实帮助了我们大家。 | 如果你有困难联系苏红或该部门中的任何其他人，请事先让我知道。 |

SARA 反应

管理者同样要明白，当人们收到建设性反馈时会有不同的反应。该反应的产生会有很多原因，例如管理者在反馈时的语气、态度、时机，被反馈者的个性类型、过去的职业经历等。然而，一般人们在接收到建设性反馈，即我们坦诚地告诉对方他做得不太好，需要改善的地方时，人们通常有以下四个反应，即吃惊、气愤、理性化和接受（如图 6-5 所示）。

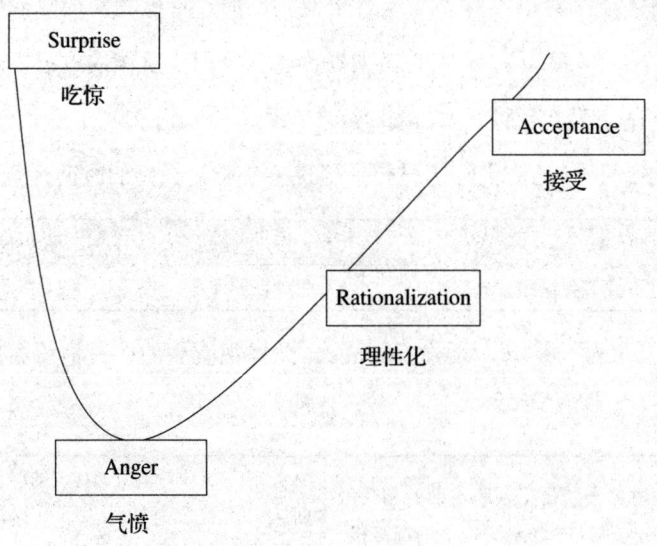

图 6-5　SARA 反应

| 第六章 行动会议第二步：连接智慧 |

作为一名管理者，请记住建设性的定义是"有用，有帮助，建立、推进或改进，获得积极的结果"。因此，当在鱼缸会议中要给他人提供建设性反馈时，首先要掌握好 SHARE 模型的四步反馈法。这通常能让对方理性地看待你的反馈，而不是理解为"你在找碴儿"。

其次，在鱼缸会议中，不要在愤怒或还没有为讨论做好准备的情况下给予建设性反馈，在反馈的过程中也不要兜圈子，以免造成无效反馈，浪费大家的时间。

简言之，鱼缸会议中沟通的反馈不单单是提出自己的看法和感受，更加注重的是基于具体事实事件的陈述来反馈对方做得好的、有待改善的地方。鱼缸会议过程中，促动师如果有时间，可以填写以下记录表，或者录音、事后记录，以便备份。

如果在一些企业文化相对比较保守的组织里开展鱼缸会议，促动师感觉到人们无法当面真诚地反馈，也可以发放以下卡片给参与者进行互动。

案·例·分·享

钱经理运用鱼缸会议流程探讨"如何提升技术团队的内部建设"

钱经理是西部某大型生产企业研发系统的一名部门负责人。他带领的部门员工主要是工程师和助理工程师。大家性格上多数偏内向，不轻易、也不善于表达自己的内心情感，个人有困难或疑惑也很少直接表达出来。所以，钱经理十分注意与员工们沟通。但在实际工作中，工程师们的家庭和生活问题还是常常会影响他们的工作状态。

2014年5月，在企业中高层管理者的培训中，钱经理第一次接触了鱼缸会议，便立即对这种沟通形式产生了浓厚的兴趣。它不仅能够深入员工内心世界，也能够帮助他们更有效地相互了解，促进有效对话，向内反思。学习结束后，他结合自己部门的实际情况，

第六章 行动会议第二步：连接智慧

组织了一次鱼缸会议。

如何才能从长远角度和行业影响力方面着手，更好地发挥"人"的价值呢？经由此前的鱼缸会议的亲身体验，钱经理认为，促动师的专业角色在此类群体性活动中的作用至关重要。由于是自己发起并组织这次鱼缸会议，因此必须承担起双重身份：一方面，作为促动师，在正式开始之前明确活动规则，以确保此次活动的顺利进行；另一方面，也要作为"鱼"和"水"加入会议之中，全身心地投入和参与分享。

为了能成功举办这次鱼缸会议，钱经理提前做了精心准备，下了很大的功夫。因为必须要让参与者尽快进入打开心扉的状态，放下彼此的成见和心理防卫。

首先，他在准备阶段制作了有趣的邀请卡，逐个与受邀人员做初步沟通，明确他们是否自愿参与。同时，在内容上不做过多说明，让参与者保留一些好奇心。这样,分享的内容才会更真实有效。总之，营造良好的气氛有事半功倍的效果。

其次，选择一个适宜的环境。他把场地选择在一个空旷、正式、略显严肃但又不拘谨的工业设计部门的工作间。在这里，11个人围坐一圈比较紧密，又不会太拥挤；灯光相对柔和，这样可以让心绪平静下来。

最后，选择一个适宜的话题，要避免笼统宽泛的主题，要聚焦到明确的、跟个人密切相关的点上。

准备完毕，鱼缸会议就正式启动了。参与者按照约定时间陆续来到了工作间，大家看到事先摆放在桌上的咖啡和龙井茶后，马上就活跃了起来，纷纷询问当天的培训内容是什么（该公司经常有一些正式或非正式的培训）。钱经理一脸笑容地回答："今天没有任何培训，既没有讲义和PPT，也不需要做记录，只需要把自己'放'出来就行了。"在疑惑和期待中，参与者喝着咖啡聊着天，等待全体人员的到齐。

会议开始后，促动师（钱经理）请所有参与者坐成一圈，告知会议的主题、目的和规则。会议叫作"鱼缸会议"，内容就是聊天，规则主要包括以下几条。坐在中间的"鱼"要先用三分钟向大家简明扼要地表达自己参加工作以来感到最自豪或有成就感、幸福感的事，再来阐述目前个人工作和生活中遇到的问题和困惑（也可以谈自己做得不错的地方和需要改善的地方）。之后，"鱼缸"里的"水"要逐一对"鱼"给予意见和反馈，而这些意见和反馈，最好是基于对"鱼"平时的观察而给予的反馈（积极反馈和建设性反馈）。在这个过程中，无论"水"说得正确与否，"鱼"只能聆听，在某个人结束对自己的反馈后说声"谢谢"。

借着柔和的灯光，老陈作为第一条"鱼"进入圆圈中间。他说最幸福的是有一个深爱自己的老婆和一个可爱的女儿，这几年最大的收获就是结识了一群好朋友；但是近期面临工作变动，心中飘忽不定，请大家给点建议。

外圈的"水"逐个给予他反馈。第一个伙伴王工稍稍犹豫了一下，还是大胆地说出了心声："老陈，这个部门我跟你在一起时间最久了，你平时在部门都很关照我们。三个月前，我想离职，你和我聊了很多，从职业规划和家庭稳定的角度帮我做了分析，让我搞清楚了自己想要什么。这个是你做得很好的地方。我觉得你最需要改善的一点就是，增加与大家的互动，坦诚地分享你的想法，让我们一起和你想办法，而不是自己一个人闷着头搞，很多事情我们也非常想出力，但是不知道该怎么出。"

老陈听完后，按照鱼缸会议的要求，只说了声"谢谢"。其实，

第六章 行动会议第二步：连接智慧

他本来也想分辩几句的："不是我想闷着头搞，我也希望招呼大家一起想办法，但是好几次都是大家的想法满天飞没一个能落地的，还不如我自己搞。"但是，他还是遵守了规则，继续听大家的反馈。而且，他在聆听过程中也开始反思："为什么王工会这样说呢？自己的问题出在哪儿？"……

一轮下来，大家明白了鱼缸会议的形式和流程，也深刻理解了"鱼"和"水"的关系。接下来，就是每个人作为"鱼"接受其他人的反馈了。

例如小高，他说自己最有成就感的是，在公司年度篮球赛中拿了"双冠王"，而且至今无人超越；困惑的是，发现自己已经毕业五年了心智仍不够成熟，情绪很容易波动。他接收到的反馈有：认为他是有活力、阳光、乐于助人、踏实肯干的人，但是学生气太浓，做事之前要多点思考。可以一方面试着想象自己发脾气是否有助于解决问题，提醒自己不要冲动；另一方面可以把自己的缺点写在电脑前、卧室里、门框上，让自己时刻关注并去调整。

小王最自豪的是，通过两年的努力得到领导和同事的认可，在业绩和人脉方面都做得很好；困惑的是，感觉自己想要有突破却找不到方向。他接收到的反馈：很有上进心，工作很认真负责，一方面可以以本专业公司的高级工程师为自己的标杆去加强本领，另一方面需要拓展自己的业务范围，学习本专业关联的周边专业知识，不断丰富自己，提高自己的含金量。

有几条"鱼"在接受别人的反馈时，会在听到"不对的"内容时跟对方解释、讨论，也有其他人插进来说话。此时，钱经理再次申明了活动规则，让"鱼"保持聆听，让参与者逐一表达，中间保持尊重，不评议、不插话。此后，大家都很好地遵循了这些活动规则，后续的分享很顺利也很有成效，效果远远超出期望值。

这次的鱼缸会议持续了三个半小时，取得了几项较为显著的成果。

第一，给予三名同事工作调动的建议，确定了后续工作安排。

如范工是在公司工作已经六七年的老员工，目前面临调岗，担心自己换部门后不能胜任新的岗位，缺乏自信。其他同事从他过往的业绩和能力表现方面对他进行肯定，同时帮助他分析新岗位的工作内容和胜任素质需求，鼓励他发挥所长并及时学习新的知识以尽快适应新岗位。

第二，帮助四名同事梳理出了更加清晰的职业规划和学习、成长的方向。

如小王是"启航计划"招录的应届大学毕业生，经过两年的工作学习，已经可以承担工程师的工作，他本人对职业发展前景有些迷茫，希望寻求更大的发展，却又找不到努力的方向，担心各方面的得失。其他同事建议他：在做好本职工作的前提下，主动去学习相关岗位的专业技能，并承担更多工作，"练好内功待时机"。

第三，给予四名同事在情绪控制、表达能力、沟通方法方面的建议和经验。

如小高向大家介绍自己已经参加工作四五年，但是一直心智不成熟，特别是情绪很容易波动，在和其他人沟通时容易冲动做事和说话。其他同事提供的经验有：在办公室、家里显眼的位置给自己设置性格缺陷贴，时刻提醒自己注意；与人沟通前事先演练并预想可能出现的冲突和解决办法等……

通过这次鱼缸会议，还发现了一些团队成员的潜能，在以后的工作中主管可以结合他们的个人所长更好地为之分配任务。这种形式也加深了团队成员之间的认识和理解，不仅提升了部门的凝聚力，团队氛围也有了很明显的变化。经过这次活动，下属主动找上级主管聊自己近期想法或家庭情况的次数明显多了，员工之间的互动也越来越多。

另外，这次鱼缸会议也让钱经理对技术型团队建设有了更深的感触。他意识到作为技术型团队的管理者，要更主动地走出去，放低姿态主动与下属沟通、谈心，关注其生活和工作方面的困惑。正如公司某老总说的："技术类人才大多腼腆、慢热、闷骚，管理者们需要想办法打开大家的心门，自己放开，先热了就会辐射开来，地瓜们就被烤熟了。"

（本案例由WFA专家级认证促动师沈蓦提供）

群策群力（Work Out）——聚焦关键问题，激发群体智慧，找出行动建议

杰克·韦尔奇以通用电气公司前CEO的身份为大家所熟知。其实，他还是群策群力的创始人和推动者。什么是群策群力呢？从狭义范围来讲，可以理解为一个会议过程：不同部门的经理和员工组成小组，提出企业中存在的棘手问题，或者针对企业已经存在的问题逐步提出建议，并在最后的决策会议上把这些建议交给高级主管。再由高级主管召集所有人对这些建议展开讨论，并当场决定是否通过，然后将那些能对组织产生影响的建议或新措施交给自愿负责执行并将其完成的人。

乍一看，这好像跟头脑风暴或者高管管理会议区别不大，事实上群策群力不仅可以为全体成员营造一个能平等、坦诚沟通与交流的环境，更能通过这样的环境来凝聚组织的智慧。应用群策群力可以快速有效地解决企业中跨部门的推诿扯皮问题。比如，如何消除官僚文化，如何改善企

业的运营流程，如何消除上下级的垂直边界，如何使部门间的沟通更加有效。

另外，群策群力的步骤也并不复杂，主要包括以下几个方面（如表6-4所示）。

表6-4 群策群力的实施步骤

聚焦问题	清晰问题，明确背景
障碍分析	分析原因，找到障碍
厘清目标（可选）	明确目标，瞄准靶心
头脑风暴	经验分享，连接智慧
决策矩阵	筛选想法，慎重决策
行动建议	建议呈现，团队碰撞
城镇会议	高管质询，直面挑战

案 例 分 享
张主任运用群策群力探讨和推进"如何提升劳务派遣人员的责任心"

张主任是一家国有企业综合管理科的负责人。近年来，随着企业规模不断壮大，劳务派遣人员越来越多，问题也不断涌现。张主任虽然想尽办法，但一直没有取得明显的效果，直到接触了行动学习。他决定用学到的群策群力促动技术来解决这个纠结已久的难题。

张主任先是从伙伴中征求意见和建议，并请大家一起思考与劳务派遣人员相关的问题。经过大家的集思广益，最终将主题明确为"如何提升劳务派遣人员的责任心"。

根据主题，张主任又挑选出参与这个主题的员工作为一个行动小组。主题和参与者明确之后，关于课题相关背景信息的调查就要开始了。为此，张主任专门将参与的伙伴们召集在一起，讨论要收集哪些信息。

第六章 行动会议第二步：连接智慧

开始的时候，大家对这种一起参与的方式有些不太理解。张主任就用"就像学开车，虽然有教练，但要学会还是要靠我们自己"的话来做比喻，成功地消除了大家的顾虑。很快，大家就积极投入到讨论中来。张主任见状趁热打铁，现场制订了关于这个主题的信息收集计划表，确定了相关负责人，并与大家约定半个月后进行一场群策群力工作坊。工作坊为期一天，重点在于解决问题。在工作坊开始运作之前，大家先用邮件、微信群的方式进行信息共享。

果然，这种方式深受欢迎。半个月来，无论是邮件，还是微信群，都非常热闹。收集信息是一个细致的工作，需要大量的数据信息。张主任发现，伙伴们收集的信息也是多种多样的，比如针对劳务派遣人员满意度的调查问卷，各种照片信息，劳务人员离职原因分析等。在正式运行工作坊之前，张主任还与行动学习小组的伙伴们一一电话沟通，以确保每个伙伴都获得了共享的信息，并再次强调了工作坊的意义和价值。

终于到了群策群力工作坊约定的时间。这一天，张主任早早来到会议室确认会场的布置情况。因为在学习的时候，他就深深地感受到，气氛的营造是行动学习现场能否坦诚沟通、连接智慧的关键组成部分。他在墙面上张贴了4张手绘图——群策群力流程图、工作坊常用规则、鱼骨图示范、SMART目标示范图。对此，张主任非常满意。

工作坊准时开始。张主任首先介绍了本次工作坊的预期成果和日程安排，随后又明确了个人的角色分工。他还特地申明，自己在这次活动中的角色是促动师，主要是促进大家有效讨论、聚焦问题，找到共识与行动计划。

规则介绍完毕，参与者王书记首先向伙伴们描述劳务派遣人员的问题由来及现状，并阐述了本次会议召开的意义和价值。随后，在张主任的引导下，大家分享了前期收集的信息。特别是刘老师专门制作的调查表引起了大家的共鸣，从而帮助大家更好地理解了问题的主体——劳务派遣人员的心声。经过分享，伙伴们更加清晰地了解了要共同面对和解决的问题。

熟悉情况之后，张主任接着说道："现在请大家思考一下，是什么阻碍了劳务派遣人员责任心的提升呢？5分钟时间，请大家将想到的答案写在面前的即时贴上，每人至少写5条。"

话音刚落，突然徐队长满脸疑惑地提了个问题："是不是可能我们认为的障碍不一定就是对的，也不一定就是关键的？""是这样。"张主任马上反馈，"我们正是要借助团队的智慧来解决问题。现在请大家先自行思考，可能这种方式开始时大家还不太适应，只要先跟着做就好。慢慢地，就会感觉越来越好了。"

5分钟很快就到了。对提出的想法进行梳理之后，大家达成了共识：影响劳务派遣人员责任心的主要障碍有奖惩考核、成长空间、管理机制、家庭因素、人文关怀、教育培训。经过这次讨论，张主任深深感受到会议气氛明显不同于以往。更值得一提的是，大家讨论的每一步成果，每一次达成的共识，都可以在"智慧墙"上看到。

"经过刚才的讨论，我们把导致问题的原因总结了六点。现在我们需要选出关于这个主题的三大障碍。挑选之前，我给大家一些提示：第一，要挑选你认为有关劳务派遣人员责任心的关键障碍。第二，要挑选通过行动可以改变的障碍。第三，需要考虑到项目的时间只有3个月。好，现在请大家思考两分钟，然后开始投票。"

两分钟到了，大家开始发表自己的看法。张老师选了"管理机制"下面的"工作职责不清晰"，李书记认为人文关怀很关键，何部长认为可以聚焦在"激励机制的完善"上……大家充分发表意见之后，

| 第六章 行动会议第二步：连接智慧 |

投票产生了三大障碍，即激励机制的缺乏、人文关怀不够和工作职责不清晰。

见三大障碍顺利选出，张主任开始了下一环节："现在让我们来看一看，这三大障碍是不是足够具体呢？是不是可以在3个月之内解决呢？"有了刚才的经验，张主任话音一落，刘老师就马上提出了疑问："我觉得工作职责不清晰这条有歧义。到底是公司制定的工作职责不清晰，还是劳务派遣人员自己感觉职责不清晰呢？"

"这是一个好问题。"张主任马上加以肯定。随后，他又问大家的看法。经过讨论，大家将这一条修改为"劳务派遣人员对工作职责认知不清晰"。

明确了三大障碍，下一步就该探讨如何解决了。时间只有3个月，能完成吗？看到大家还有顾虑，张主任增加了一个促动环节：畅想未来。他主动请伙伴们畅想一下3个月后完成任务时的情景。顿时，会场一片安静。大家既兴奋又忐忑，谁也不肯先发言。1分钟后，张主任发现坐在一旁的李书记跃跃欲试，于是请他来分享。

李书记的描述充满了感性："3个月后，由于政策落实到位，随迁子女读书难等难题得到了妥善解决，劳务派遣人员流失率下降了30%。大家开始一心一意地将公司当成长期奋战的地方。为此，公司颁发了奖励，奖励大家去张家界旅游……"李书记的描述吸引了很多人，但也有人认为太异想天开了。

这时，张主任鼓励大家："既然是梦想，就要大胆一些，快乐一些！"慢慢地，大家都敞开了心扉，畅所欲言起来。于是，张主任趁热打铁，请大家把自己畅想的内容画出来。

用充满感性色彩的话鼓舞了士气之后，张主任带领伙伴们根据问题和三大障碍一起制定一个SMART目标，具体如下：第一，在8

月10日前,完成一份修订完善的激励方案;第二,在9月10日前,对劳务派遣人员进行多样化人文关怀5次;第三,在9月11日前,对劳务派遣人员进行轮训一次。

目标制定之后,张主任长长地舒了一口气。他看到了大家热切的眼神和积极参与的热情。下一步就是如何实施的问题。在讨论开始之前,张主任为大家介绍了头脑风暴的原则。首先是要量大,只有量大才能选出更优秀的创意;其次是要延迟评判,即不管同意或者不同意其他伙伴的想法都先不要表达,要静静地聆听。

交代完原则之后,头脑风暴就开始了。第一轮,大家每人写5条可以在3个月内落地的想法。这本来是张主任最为担心的一个环节。他担心大家习惯于发现问题,而不善于创造性思考。没想到,大家的表现出奇地好,就连平时不喜欢发表看法的伙伴都非常踊跃。想法写完之后,大家开始互相分享。第二轮,大家需要在共享信息的基础上对自己的想法进行整合,要么写出新点子,要么对原先的想法进行优化。

两轮头脑风暴过后,大家开始梳理写好的想法。经过一番梳理之后,有效的想法在30条左右。这和当初的设想基本上是吻合的。其中不乏非常妙的建议,比如重要节假日安排车辆返乡;每月召开一次班务会,管理者也参与聆听、促动等。

在确保大家对所有想法都理解后,张主任对所有的想法卡片进行了编号,并拿出事先准备好的工具表单——盈利矩阵(如表6-5所示)。

表 6-5 盈利矩阵

	容易实施	不容易实施
小的盈利	快速获胜（QW）	浪费时间（TW）
大的盈利	获利机会（BO）	专门投入（SE）

盈利矩阵分为四个象限，盈利大、容易实施的是我们可以首先考虑的方案，盈利小、容易实施的也是可以考虑的，盈利大、不容易实施的象限代表我们需要专门投入或者需要资源支持，盈利小、不容易实施的是目前可以不用考虑的。

随后，张主任带领大家对所有想法卡片进行讨论，并把卡片上的编号一一填入盈利矩阵的四个象限中。大家对大部分卡片的归属没有异议，但还是有几张卡片引起了激烈的争论。就拿解决劳务人员子女就近入学这个问题来讲。李书记认为，这个是可以让劳务派遣人员心安的好办法，而且现在也有相关政策和人员可以专门帮助解决，可以放到"盈利大、容易实施"的象限。刘部长认为，方法是不错的，但是不是行动学习小组内可以完全解决的，必须申请公司给予人力、物力、财力支持才能得以实施，所以应该放到"盈利大、不容易实施"的象限。之后，伙伴们也纷纷发言。最后，大家达成了共识——将这张卡片放入盈利大、不容易实施的象限。

张主任看到"盈利大、容易实施"和"盈利小、容易实施"的卡片数量超出了十张，又带领大家将卡片数量精简到十张，并把它们呈现在"智慧墙"上。尽管过程中也出现了争辩，但是，经过了工作坊规则的促动，大家已经习惯了对事不对人，氛围紧张而热烈。十大想法终于出炉，大家用掌声庆祝这个阶段性成果。

考虑到时间有限，伙伴们还需要在十张卡片中再精选出三张来。又经过一轮投票，最终的三大想法产生了。张主任能感觉到大家的不舍，似乎十个想法都是大家的孩子，充分的参与让大家对每一个想法都有了自己的解读和感情，参与本身就是一种力量，而这种力量随着群策群力的深入愈加浓烈！

要付诸实践是一定要有行动计划的，所以张主任一鼓作气，把提前设计好的行动计划表格给大家做了讲解，并大声询问谁自愿领走任务。一开始大家还你看看我，我看看你，但三个任务很快被全部领走了。

一个小时以后，三大想法在伙伴们的智慧碰撞中变成了三个行动计划。张主任知道，现在的行动计划还需要经过城镇会议的洗礼才能更进一步……

张主任早就提前约好了相关部门的负责人，也和他们就什么是"城镇会议"和需要做什么达成了共识。张主任再次清了清嗓子，深吸了几口气，他心里很清楚这一整天的会议就要面临真正的考验了。他首先讲明了城镇会议的规则和流程，重点强调了今天到场的领导会对大家的行动计划进行质疑提问和给予建议，更重要的是会现场给出能不能实施的决定……一时间，会场中弥漫着紧张的空气。

很快，针对第一个想法的汇报开始了。相关部门负责人张经理首先进行了提问："每月评出一两名突出员工适当奖励的费用应该由谁来承担？"张主任明显感觉到问题还是很尖锐的，直接关系到行动计划的可行性，而汇报者给予了详细的解释后，张经理紧接着又提出了另一个方向的问题……一番来回，张主任留意到每一位伙伴都听得很认真，似乎已经很久没有看到这样高参与度的会议了。

最后，第一个汇报者的计划没有成功通过。张经理提供了两点建议。对此，汇报者非常认可。这种情况在以前是几乎不会出现的。这次汇报也让大家重新认识了向来不苟言笑的张经理。

第二个汇报者是平时表现很优秀的伙伴，计划的逻辑性很强，

第六章 行动会议第二步：连接智慧

相关负责人李部长边听边点头。汇报完毕，李部长只问了一个问题。得到答案后，李部长给出了支持的意见。会议室一下安静了，然后迅速响起了掌声，张主任明显看到每一个伙伴脸上都写了两个字——兴奋。

第三个汇报者的课题也在同样紧张又真诚的讨论与建议中获得了通过。

促动师张主任再次把目光投射到"智慧墙"，每一步都那么清晰，也许这正是行动学习的魅力吧，或者说这是集体的力量与智慧。

张主任没有忘记请所有参与者简单谈谈自己的感受，伙伴们的声音是检验自己这次会议成功与否的关键要素之一，同时也是下次会议改进的方向。

这是我开得最过瘾的一次会议，不仅能自由表达，还能听到各种声音……

我觉得可以提前告诉我们大概的流程，这样头脑风暴的时候就可以想出更多更好的点子。

今天让我重新认识了很多人，也包括咱们的张主任，今天他基本没发表意见，但其实我还蛮想听听他的想法的（张主任乐滋滋地想，下次也许可以让其他人来担当促动师，我也当回单纯的参与者）。

我感受到来自团队的力量，不知道为什么大家就被调动起来了，要是平时我们的会议也这样就太棒了。

……

会议结束了，大家还意犹未尽，张主任开始浮想联翩：这不是结束，仅仅是个开始，只有形成了群策群力的企业文化，我们才能离"会必有议，议而有识，识而有果"越来越近……

（本案例由WFA高级认证促动师魏丽提供）

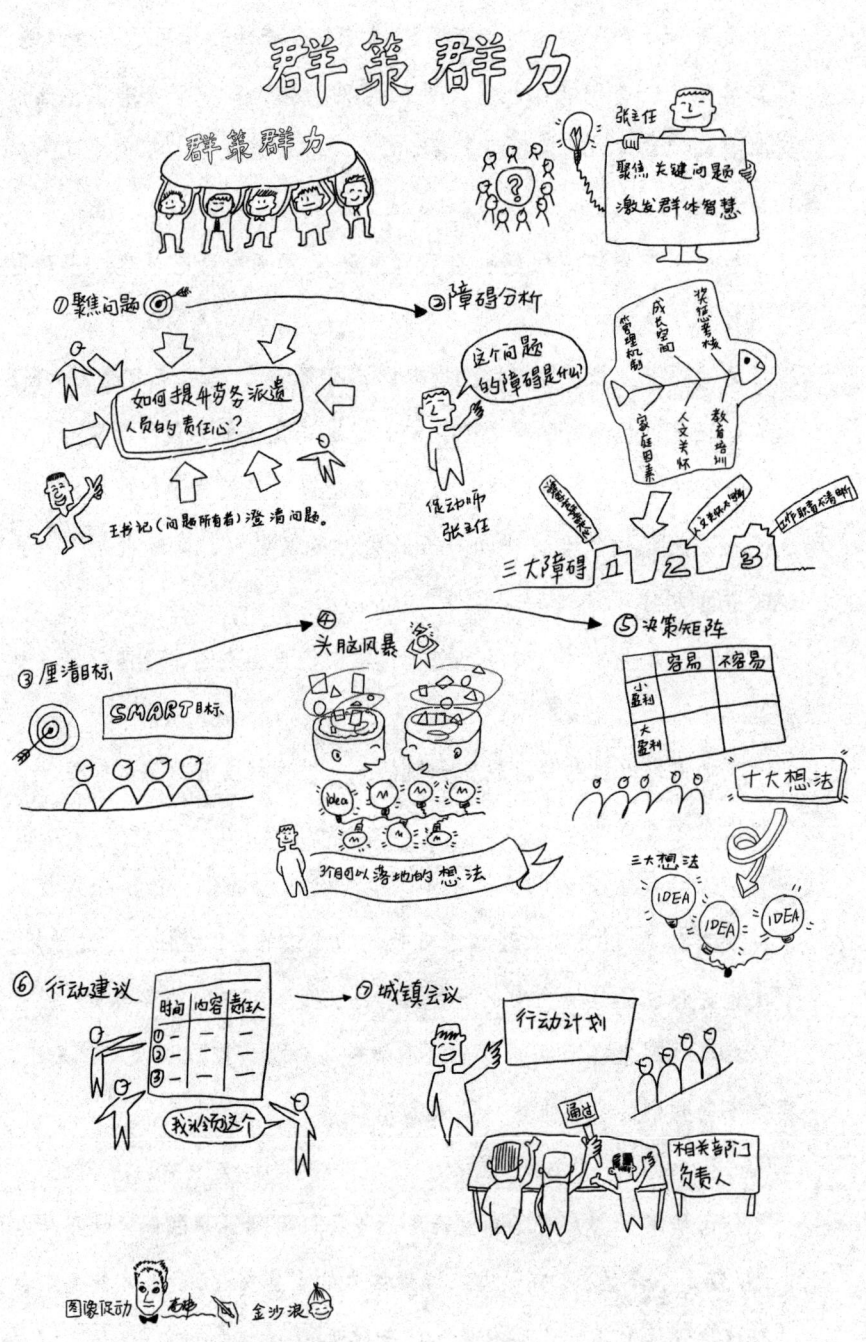

欣赏式探询（Appreciative Inquiry，AI）——带领团队开启幸福的大门

很多企业在面对员工士气低落、团队凝聚力不高等状况时，通常会选择"修正错误，弥补不足"的思路。这种解决问题的思路常需要我们在痛苦中回顾问题的症结所在，很难产生新的愿景，也很容易令大家产生习惯性防卫心理。这时，企业的管理者们就需要换一种全新的思路。欣赏式探询就是其中最重要的一种。

戴维·库柏里德（David Cooperrider）于1980年在美国克里夫兰医学中心研究组织发展课题时提出了"欣赏式探询"这一方法。欣赏式探询是基于积极心理学的原理而产生的一种方法。戴维·库柏里德曾经与他的同事用欣赏式探询帮助一家摇摇欲坠的一星级酒店实现了业绩提升。他们不是采用传统的"发现问题—分析问题—解决问题"的方式，而是带领这家酒店的所有成员住进了一家五星级酒店，并要求所有人在一个星期里都要完成一个任务：询问"欣赏式探询"的问题并详尽记录。这些欣赏式探询的问题包括：

"是什么让你在这个酒店里如此有成就感？你能告诉我一个真实的经历吗？"

"你整天面带微笑服务客人的动力源来自何处呢？"

"如果给你一支'仙女棒'，赐给你的饭店三个机会，你会希望是哪三个？"

在一星期的访问中，来自一星级酒店的成员听到了许多来自这家五星级酒店的员工的真实故事，其中包含了构成一家卓越酒店的关键要素。这些要素在经过整理分析之后，被成功应用到了该一星级酒店的改革之中。这家一星级酒店的业绩得到了明显提升。

欣赏式探询是一门提问的艺术与实践，它主张通过询问无条件的肯定性问题的艺术和实际操作的方法，寻找组织中积极的问题来激发群体智慧。

欣赏式探询对个体而言就是让人们更积极、更正面地去看待自己、看待他人、看待组织、看待环境、看待周围发生的一切。欣赏式探询能够有效激发组织中成员的积极情绪，如兴奋、感激、欣赏、珍惜、爱，从而有效地提升成员的主观幸福感，激发人们工作的动力，提升组织的工作绩效与"正面积极的企业文化"。

"欣赏式探询"包含四个部分，分别是发现（Discover）、梦想（Dream）、设计（Design）、实现（Destiny），它们也被称为"欣赏式探询"的4D（如图6-6所示）。

图6-6　欣赏式探询的四个组成部分

说到新，欣赏式探询到底新在何处呢？与传统打鸡血式的励志培训课程相比，欣赏式探询的与众不同之处主要体现在以下几个方面。

第一，快乐源不同。

传统培训课堂的快乐源主要依靠外部推动，比如老师本身幽默风趣的语言，课堂上有趣的游戏活动，课堂中某些学员会带动感染他人等。欣赏式探询则主要通过一系列引发思考的问题，促使学员主动去发现自己幸福与快乐的开关。另外，欣赏式探询常要把环境布置成轻松、温馨的，让学员们在轻松的氛围中放下习惯性防卫心理，全身心投入其中。

第二，学习材料不同。

传统培训课程注重知识系统和技能方法的传授。每位学员在课前都会收到一份讲义性质的学员手册，上面记录着诸如积极心态的十大特点、提升团队士气的五大秘诀等体系化知识。通过阅读手册，学员们就可以获得具体操作的流程和步骤方法。

欣赏式探询却是完全两样的。在这里，学员需要自己来完成手册（比如"幸福地图"）的绘制，而且是通过团队合作的形式。伴随课堂的进程，"幸福地图"图文并茂、色彩斑斓地展示出学员自己心中的幸福景象。每次欣赏式探询结束后，不同的参与者会得到凝聚众人智慧结晶、完全不同的"幸福地图"。

第三，学习形式不同。

在传统培训中，老师是课堂上的绝对核心。老师讲授，学员倾听并尝试理解，整个过程是一（老师）对多（学员）的交流过程。而在欣赏式探询的课堂之上，老师通常"退居二线"，由小组内部或小组之间的学员来进行研讨交流，形成全场多对多的交叉网络式的互动交流。

第四，老师扮演的角色不同。

在传统培训课堂中，老师扮演的是绝对权威的角色，老师的一言一行都不容置疑。而在欣赏式探询的课堂上，老师这一角色，我们称之为促动师。促动师在整个学习的过程中更多的是在扮演类似主持人的角色，他会通过一定流程架构的设计，制定一定的规则，并提出促进参与者思考与创造的正向问题，来促动学员自己获得问题的答案，享受其中的乐趣。

欣赏式探询是怎么"玩"的呢？

之所以用"玩"这个字，是因为在欣赏式探询的过程，藉由促动师的设计，小组的所有成员或是会经历一同去绘制属于他们自己的"幸福地图"，或是分别去讲述各自的"幸福故事"，共同去演绎他们心中的美好未来等。学员更多的是"玩"在其中，在"玩"中体验快乐，感悟幸福；在"玩"中分享彼此的经验智慧，产生顿悟；在"玩"中发现自己与他人的正能量，从而激发积极向上的正向情绪……

以下是基于欣赏式探询的步骤设计的一次工作坊的流程。欣赏式探询可以有很多种做法，但无论做法如何，其核心都在于唤起参与者内在的积极情绪，使其以积极的视角重新来看待自己的工作、生活、身边的同事，并设计自己想要的未来。

第一步，发现环节。 发现环节也是探索新知的环节，环节中的问题就像一颗种子。问一个能唤起团队成员积极情绪的问题，就给他们种下了一颗幸福的种子。

具体来说，发现环节主要由三部分内容构成。

首先，每个小组需要绘制各自的"幸福地图"。在绘制过程中，所有参与者都可以充分发挥各自的想象力，呈现属于自己的艺术作品。

其次，所有人要一起参与促动师设计的"幸福轮盘"测试。"幸福轮盘"共由六个部分组成，分别是全人健康、理财规划、休闲娱乐、人际互动、生涯规划和个人成长。每个部分的满分是十分。参与者根据自己的各项得分，一次连线就可以勾画出自己当前的"幸福轮盘"。"幸福轮盘"测试可以让大家更好地了解自己的现状，也可以帮助大家找到未来努力的方向。

最后，大家共同探索，去发现自己的"幸福故事"，并分享给所有人。世界本不缺少美，而是缺少发现。我们在过往的工作生活中，因为过于投入到解决各种矛盾、问题中,对身边的幸福视而不见,整日闷闷不乐、郁郁寡欢。其实,幸福就在我们身边。当用心去发现时,你就能感觉到,原来幸福离我们是这样近。

第二步,梦想环节。梦想环节即梦想构筑环节。在这一环节,参与者要重新挖掘幸福的真相,并进行分享。会场可以播放轻柔的音乐,帮助大家充分放松,卸下习惯性防卫心理,充分发挥想象力,畅想心中美好的未来。

随后,每个小组要根据大家的美好想象,编制出一部属于自己的"幸福戏剧",并准备在"幸福剧场"演出。通常情况下,"幸福剧场"的演出会成为梦想环节的高潮。大家可以在这种轻松、愉悦、快乐的氛围中,尽情地享受、思考与感悟。

第三步,设计环节。设计环节是要把大家从理想拉回现实,通过之前不断赋予的正能量,找到让大家更幸福的有效方式与方法。通常,会进行分组研讨,分别围绕小组主题进行深入交流,最终可以用图画、思维导图、文字表格等形式来进行呈现。

第四步,实现环节。所有的想法如果不去做,就永远只是想法而已。如何才能将大家的创意聚集起来,形成各自的行动计划,并让学员回去后可以自动自发地执行呢?实现环节就是最关键的一步。所有参与者通过对各自主题进行研讨,得到创新的想法之后再运用决策工具进行快速有效的甄别筛选,得到小组下一步需要执行的若干计划。行动计划的制订,没有任何领导的指派安排,完全是自己的所思所想。自动自发也就由此开始。

案·例·分·享
白经理运用欣赏式探询提升团队协作

T公司隶属于国内某著名服饰集团,主要从事某时尚休闲服饰的品牌设计开发与生产营销等业务。过去几年,服装行业陷入了低谷,T公司仍能实现业绩的高速增长,令不少业内人士非常羡慕。只是,业绩增长背后,也隐藏着销售部员工出现懈怠状态的隐忧。

为了能够"成就员工及家人,成就股东,成就供应商,使团队更开心",公司委派销售负责人白经理来沟通这个问题。白经理在和外部行动学习公司沟通,并参与体验相关促动技术后,打算在公司年中总结报告会引入欣赏式探询,召开主题为"凝心聚力·群策群力"的行动学习工作坊。

这次工作坊历时两天半。为了使团队成员可以借此机会打开心扉,在第一天晚上,白经理特地增加了一个"黑暗对话"的环节。他打算自己担任全场的主促动师,然后从自己的行动学习促动师班上邀请了5位同学来担任桌促动师,在组内促进小组的对话与交流。

为了制造轻松愉悦的会场气氛,在前期的会场布置方面,白经理也颇费了一番心思。采用分组式摆放桌椅,会议桌铺上了具有浓郁苏格兰风情的格子桌布,会场墙壁上贴上参与者在公司内部各种活动中抓拍的照片……咖啡的浓香、轻柔的背景音乐、照片中灿烂的笑容,这一切都会使参与者沉浸在轻松惬意与放松的心情之中……

1. 发现环节

待所有参与者以5个小组的队形落座之后,白经理布置了发现环节的任务:请大家以组为单位讨论出自己小组的"幸福地图"是怎样的。桌促动师也向大家讲解了讨论规则。时间一到,小组成员们就纷纷发表了自己的想法。通过投票,大家选出了自己最认可的想法:

有的小组运用树枝藤蔓设计了4个区域，有的将4个区域用4朵花瓣进行划分。

接着，每位成员针对自己的实际情况进行了"幸福轮盘"的测试。结合自己的"幸福轮盘"，大家都开始回忆并分享属于自己的幸福故事。销售一部的小李说："我在公司感觉最幸福的一件事就是老板对我的工作方式的认可。说实话，我是个比较特立独行的人。在其他公司，老板经常批评我。在咱们公司，老板会尊重我的一些小个性。这已经让我非常开心了。"销售二部的老雷也分享了自己的故事："我最幸福的事情就是在公司完成了自己人生中最重要的几件事情，结婚、生子、买房、买车、升职、加薪、每年一次旅行，我还求什么呢？很满足。"……平时大家都埋头工作，很少有时间来做这样的分享。在促动师的帮助下，大家开始回忆自己在公司幸福的点点滴滴，因担忧销售指标完不成的愁容也随之慢慢变淡了。

2.梦想环节

在梦想环节里，白经理设计了一个梦幻的开场白："各位伙伴，如果大家手里有根'仙女棒'，可以实现我们的一个梦想，你会期待出现什么？请大家闭上眼睛，举起右手，这就是我们手里的'仙女棒'，大家一起来晃晃手里的'仙女棒'！"伙伴们都笑起来。

在桌促动师的引领下，伙伴们开始设想如何呈现自己所在小组成员梦想的"梦想剧"。有人对剧本进行反复推敲修改，有人在场地内四处寻找一切可用的道具，还有人干脆一组人跑到一个不易被打扰的角落悄悄地排练……

最终，"幸福剧场"的演出非常成功。有的小组表演了在海边度假的小品，伙伴们在海滩上听着音乐，晒着太阳，无忧无虑地享受着人生的美妙。有的小组则再现了自己回到母校的情景，作为学校的成功校友为师弟师妹们讲述着自己的成功故事……

表演者幸福洋溢地展现自己心中的梦想场景,观看者则时而情不自禁地鼓掌叫好,时而开心地哈哈大笑,仿佛自己此时也置身其中一般。此时此刻,仿佛世界上所有的压力都已经不存在,大家都融化在快乐的氛围中。

3. "黑暗对话"

为了让之前只顾着向前冲的伙伴们有时间停下好好思考一番,第一天晚上,白经理特意安排了"黑暗对话"的环节。"黑暗对话"的促动过程是基于鱼缸会议的对话步骤,每位桌促动师都带着自己小组的伙伴们围成了一个圆圈,并在小组圆圈内点亮了几根小圆蜡烛。白经理请助理把灯光关掉,示意各小组开启坦诚对话之旅。

在微微的烛光中,人们忙乱的心似乎逐渐平静下来,不再只想着如何搞定客户、提高销售额,开始关注自己的内心、关注身边的伙伴。这对一个销售团队来说非常难得。白经理深深体会到,如果一切都以业绩为唯一标准,而忘记了团队成员之间的相关交流,团队的凝聚力就会越来越低。

为了保证大家的反馈不是泛泛而谈,伙伴们打破了原来分组的限制,选择自己更加熟悉的部门来展开深度对话。不管是对自己的反思,还是对他人的反馈,都是自我成长与帮助他人成长的过程。在这样的相互沟通中,平时所有的压力,彼此间所有的误解与矛盾都随之远去,留下的是大家坦诚后的轻松和坦然。

在次日上午的反馈中,很多伙伴对"黑暗对话"印象深刻,认为这种交流方式拉近了大家之间的距离。

4. 设计环节

在设计环节,全场的5个小组分别选定了5个不同的子主题,即

"如何通过激励提高员工幸福感""如何丰富员工业余生活""如何达成目标共识""如何高效快乐地工作"和"如何进行有效沟通"。

在桌促动师的引导下，经过四轮的研讨，大家各抒己见，畅所欲言。如针对"如何通过激励提高员工幸福感"的主题，有人建议要"多了解员工需求，让员工也能够参与到公司决策的讨论之中"；在丰富员工业余生活方面，有人提议要安排各部门轮流策划员工活动主题月，充分发挥伙伴的智慧和力量……就在大家你一言我一语的过程中，新创意与新想法不时迸发。

5.实现环节

在实现环节，白经理请桌促动师带领各自小组，通过对主题进行头脑风暴，灵活地将盈利矩阵工具表改装设计为"幸福矩阵"，让大家寻找未来可以在团队中落地的，让大家提升幸福感的十大想法。

如某个小组建议公司购置一批爱心伞，这样突降大雨时，没有带伞的同事就不至于被淋成落汤鸡。另一个小组建议员工出差期间，必须每天与家人至少联系一次，不要因为工作而疏远了与家人之间的心理距离。

最终，每个小组都制订出了具体的"幸福行动计划"。

工作坊结束时，大家都对自己这两天来创造的一切感到惊喜，纷纷掏出手机，争相拍下伙伴们共同创造的艺术作品作为留念。正如有的伙伴写的感悟："快乐其实很简单，快乐其实可以由自己创造！"

（本案例由WFA专家级认证促动师郑鑫岩提供）

未来探索（Future Search）——共识愿景，共赢未来

当前在企业中，企业战略的制定已经不再是老板一个人的事，通常由高管团队或者董事会共同参与完成。当战略要从高层往下传递时，也不仅仅是以前的逐层下达那么简单。现在，很多"80后"已经在企业里担任了重要职务，"90后"也已经进入了职场，"80后"和"90后"在思维和处事方式上都更加强调自我的感受及个人价值的体现。在企业战略面前，他们并不单纯靠上级的指挥和命令行事，而是更渴望参与其中。为此，管理者就需要探索新的模式。

其实，传统模式的弊端早在20世纪80年代末就已经被发现了。当时，一些欧美企业的管理者开始尝试用一些高效模式来开愿景共识会议，比如让不同背景的人共同描绘未来愿景，并通过增强每个人的参与感，让大家能够自发地为一个方向来努力行动。这些尝试收到了良好的效果。

于是，在1987年，"未来探索"这个词被正式提出，并激起了很多人的兴趣。马文·维斯伯德和桑德拉·简诺夫也加入了实践者的行列。他们根据自己的研究结果，写成了《未来探索》一书，书中详细记录了"未来探索"在组织中的作用和运用效果。

未来探索是一种大型团体计划会议，通常参与的合适人数是64人。会议包含5个步骤（如图6-7所示），即回顾过去、探索现在、创建理想未来的景象、确认共识、制订行动计划。其中，"回顾过去"和"创建理想未来的景象"的工作由各部门组成的混合小组共同进行，"探索现在"的工作由对工作任务有一些共同视角的利益相关者所组成的小组进行，"确认共识"和"制订行动计划"则由利益相关者小组来进行。

为什么未来探索会议会设置这样的流程呢？这是因为，人们的心智发展没有跟上科技发展的水平，现实中人们被人为地贴上了不同的身份

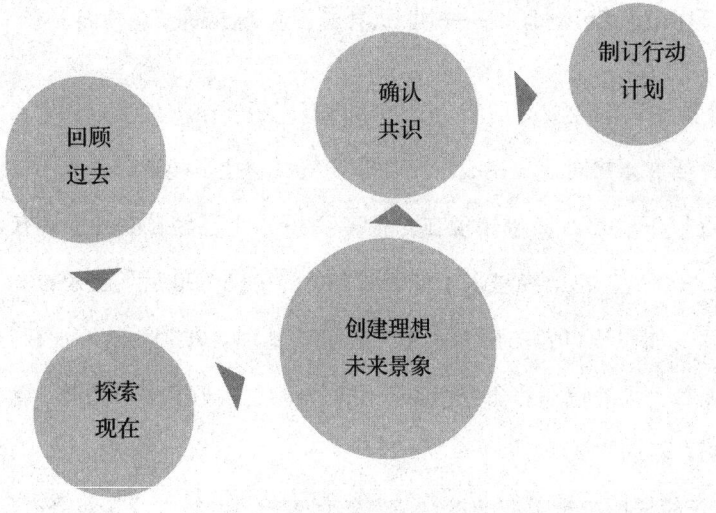

图 6-7 未来探索的五大步骤

标签。这些标签在不同程度上让人们饱受孤独、焦虑、无力等的困扰。而在未来探索会议里，人们有机会打破身份界限，对自己的未来拥有更多的控制权和话语权。许多不同身份的与会者在会议中了解与接受不同的背景、观点和价值观，愿意跟不同行业、不同经历、不同经验的人一起学习和工作，并欣然为共同的目标而行动。

也正因为如此，未来探索会议中尤为强调两条原则。第一，所有系统都在一个空间。在会议中，每个人分享的信息都会在经过梳理、连接、分享之后，产生新的观点。因此，所有这些信息就构成了不同的系统。而这些系统都要在会议现场这个空间里才能完整呈现。第二，任何局部行动启动之前，都要探索整个系统。这就意味着，我们就一个问题研究如何解决、如何选择有效方法、如何制定行动步骤，不能随随便便下结论，而是要在掌握全面信息的基础上才能做出判断。否则，就会像盲人摸象一样，把局部当作整体，在行动中自然会犯错误。

另外，未来探索会议的现场还给人们提供了一种安全感。参与者可以

第六章 行动会议第二步：连接智慧

丢开贴在身上的标签，以平等的方式一起研讨，为共同关心的事情而工作，从而避免了以往一些传统会议上的不良互动，给人们提供了表达自己最高理想的机会。而提供平等表达理想的机会也促使与会者最终迈向了行动。

通常情况下，行动计划的实施需要行动者明白并相信我们这些有共同目标的人是需要彼此充分信任的。行动还需要承诺资源、时间、精力、金钱。未来探索会议提供了行动计划实施需要的理解、信念和承诺。

正是因为上述优点，未来探索会议的应用范围很广。企业、非营利组织、社区都在用。未来探索会议的作用主要体现在以下三个方面。第一，促动与会的利益相关者创造共同愿景，并按照愿景来行动。第二，让与会的利益相关者发现共同目的并为他们自己的计划负责任。第三，帮助人们迈向一个明确的、存在的愿景。

那么未来探索会议到底如何应用？下面就让我们以企业为例来进行说明。企业中的未来探索会议主要聚焦在组织愿景、使命和价值观的创造、共识、实施方面。每个参与的员工从各个角度去了解自己，与其他人一起就某一个或几个主题达成共识，并释放出创造能力。未来探索会议的过程有助于让利益相关的部门、管理者、员工在与会过程中抛开防卫心，探求共识和渴望的未来，确定共同的愿景与使命，并为行动负责。

在企业中召开未来探索会议时，管理者必须意识到参与者通常会带着不同假设和学习方式来参会。他们的情绪常会在不同时段经历高峰和低谷，管理者大可不必担心成果，因为人们面对面产生的创造性成果远远胜过面对一套概念、专家建议，以及由别人来告诉他们缺乏什么和应该做什么。

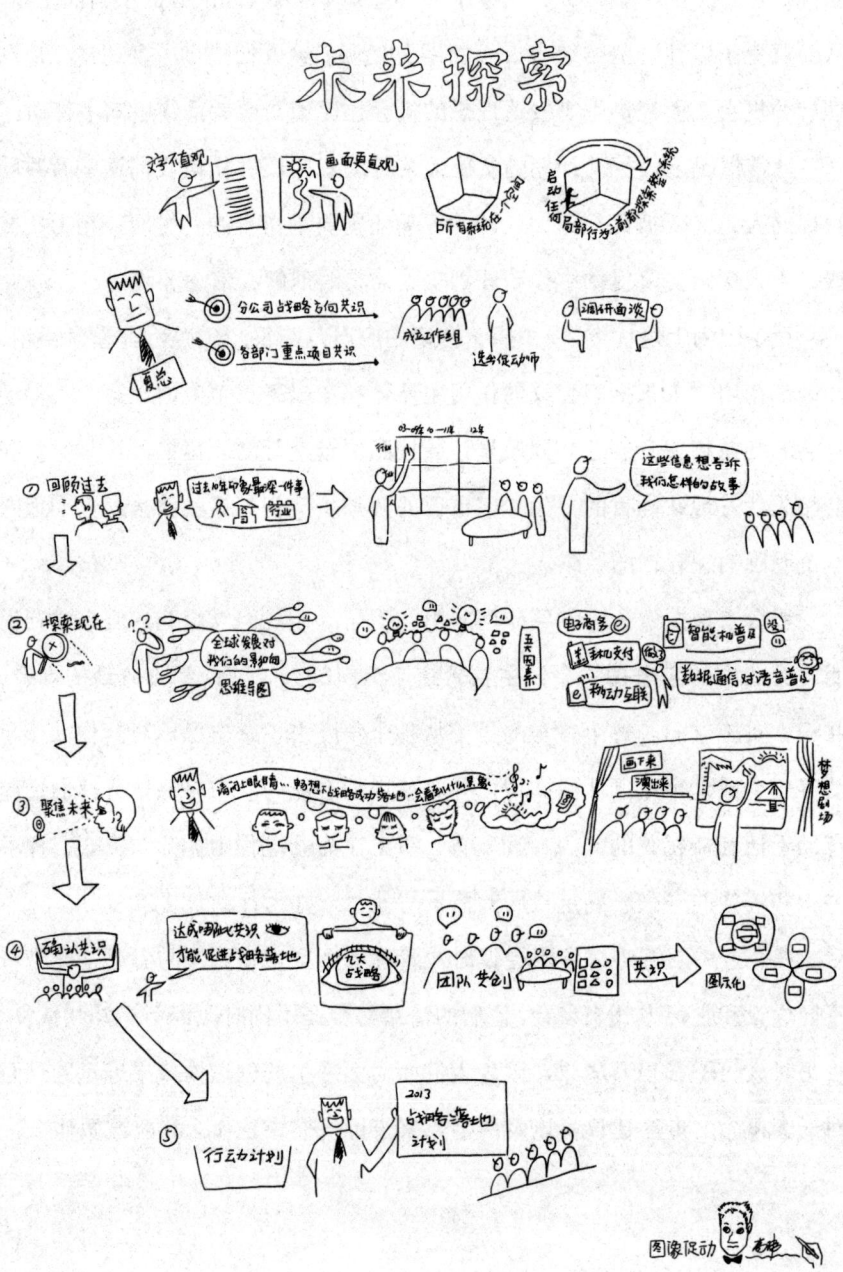

第六章 行动会议第二步：连接智慧

案·例·分·享
Z公司夏总运用未来探索召开年度战略共识会

Z公司每到年底都会召开年度战略共识会，目的在于把公司制定的次年年度战略向各个部门的老总及骨干进行宣讲，希望他们能对战略有清晰的认识。往年的惯例都是由上至下，一级一级地传达，现在看来效果并不好。于是，夏总决定改变一下会议的形式，引进他在总公司接触到的未来探索，以帮助大家形成共识。而且，他发现许多员工的工作热情进入了"睡眠状态"，需要唤醒，否则无法有效地推动2013年度策略的落地。

为了让未来探索会议顺利进行，夏总亲自组建了未来探索会议工作组，计划会期两天，参与者为中高层管理者及骨干员工，共计80人。会议的目的主要有两个：一是就分公司战略方向达成共识；二是就各部门的重点项目达成共识。

夏总还要求工作组提前对参与者进行在线及面谈的调研。调研的目的主要有三：一是了解公司中高层管理者和骨干员工对公司战略的认同熟悉程度；二是调研与会者对公司战略确立、分解落地、过程执行、结果展示各环节的困难点与认同度；三是调研与会者对未来工作发展思考的清晰度，对未来3年工作方向与重点的理解情况等。

最后，为了保证这个80人的战略共识会议的参与者能充分互动，夏总还专门挑选公司30名管理者参加促动技术的培训，再从中间选出10人担任此次会议的桌促动师。

经过充分的准备，未来探索会议开始了。首先，由夏总向大家介绍了会议的背景和目的，以及未来探索的五大流程——回顾过去、探索现在、聚焦未来、确认共识、2013年战略落地计划。通过这个环节，大家对公司的战略定位有了一定程度的认知。

接下来,在"回顾过去"环节,夏总向大家提了一个问题——过去10年,从个人、公司、行业3个角度来看,让你印象最深刻的一件事情是什么?思考时间是1分钟。随后,各个小组的促动师开始引导伙伴们分别从3个角度(行业、企业、个人)、3个时段(2003—2009,2010—2011,2012)所组成的九宫格中,在每个格子中回顾一件自己印象深刻的事情(亲身经历/听说/看到),并请每个人拿彩笔将这些事情写入贴在墙上的时间线中。

短短30分钟,墙上的三条时间线就写满了。大家的答案五花八门。个人视角方面,有人写结婚生子、换部门和专业、开启幸福时代等;公司视角方面,有人写业务和收入快速增长、信息化建设、人员大扩招、公司开启精细管理等;行业视角方面,有人写电信重组、运营商二次重组、4G时代来临、三分天下、网络快速发展等。

接着,夏总向大家提出了一个问题:时间线上的信息在告诉我们怎样的故事?这些故事有怎样的意义?他请每个小组针对不同区域的信息进行梳理,将其编成一个故事,并由小组全体成员将其演绎出来。其中一个小组以夏总为故事主人公,讲述了夏总如何从大学毕业的毛头小子进入通信行业,在经历了通信行业的种种考验后,成长为公司老总的过程。该小组表演时夸张的表情和动作引得大家哈哈大笑,也为故事情节的精彩连连鼓掌……这个环节一做完,许多人感慨万千,原来自己同其他人、同公司一起经历了人生中大大小小的难忘事,更有高管表示,自己是见证了公司转型和高速发展的人。

就在大家产生共鸣之际,夏总趁热打铁提出了第二个问题——现在全球发展趋势对Z公司的影响有哪些?这个问题需要大家跳出小我,跳出本部门的限制进行思考,并采用思维导图的模式来书写答案。

这时，桌促动师请伙伴们先在组内进行"碰撞"。于是，思考3分钟之后，大家纷纷发言："带宽需求越来越大和网络快速更迭都是向上发展的趋势""由于政策的影响，收费呈现下行的趋势"等。随后，夏总请大家将自己的想法逐条记入思维导图中。如果此时还有新的想法，也可随时提出。

之后，桌促动师发给伙伴们每人三个小红贴，请大家投票选出这些趋势中对Z公司影响最大的几个。投票结束后，全球趋势对Z公司产生影响的五大趋势出炉。这五大趋势分别是电子商务普及、手机支付、生活移动互联化、智能机普及、数据通信对语音的普及。

然后，促动师请组内的伙伴对这五大趋势进行分析——基于公司的战略，在这五大趋势中，哪些是我们正在做的事情？哪些是我们想做又没有做的事情？伙伴们讨论得非常热烈：正在做的事情有各种应用推广、终端销售等，想做而没有做的事情有电子商务普及、手机娱乐、相关技术的专业培养等。

"探索现在"这个环节的坦诚分享让大家看到了自己已经在着手做的事情，也让伙伴们有了反思的意识。

接下来是"聚焦未来"环节，创建理想未来。基于自身经历，夏总深深明白：如果人们没有共同的愿景，看不到具体的画面，单靠语言来描述未来是很苍白的！愿景的力量远比看上去的要强大得多。因此，在这个环节，作为总促动师的夏总先请会议助理播放舒缓的音乐，再请大家闭上眼睛，然后如朗诵诗一般发了言。

各位伙伴，闭上眼睛，放松，让我们一起来畅想一下，我们现在一起坐时光穿梭机来到了2016年，我们的各项战略均已成功落地，我们会看到哪些景象？

在舒缓的音乐声中，人们如同真的坐着时光穿梭机一般开始畅想未来，有些伙伴甚至哈哈大笑起来。夏总之前专门就这个环节的设置咨询过促动师：为什么要搞这个环节？促动师回答：从积极心理学的角度来讲，当人们在大脑中对未来出现积极的想象画面并表演出来的时候，大脑就会促使人产生一种想要实现这种快乐场景的内在动力，并调动各种资源来梦想成真。所以，接下来，促动师们开始请组内的伙伴们用各种文艺形式呈现出对未来景象的设想。

这个环节调动了大家的想象力，把大家带到了情绪的最高点。每个小组都把自己看到的美好景象以图画的形式展现出来。有的小组分享说，看到的成功景象是客户多了，业务做不完，自己数钱数到手软……听到这里，大家不禁哈哈大笑起来。其他人也不甘示弱。有的小组给自己的梦想取名叫"我们的幸福人生"，有的叫"时光隧道轮回"……每个小组的现场展示都充满了创造力与想象力，连外星人移动互联各种场景都演出来了，伙伴们都笑得快岔气了。

在这个创建理想未来的环节里，大家得到了信息的高度共享，大脑处在被高度激活的状态。于是，夏总趁势将大家引入第四个环节——确认共识。这个环节的主题是：结合公司战略，在接下来的3年中，大家重点需要达成哪些共识才能促进战略落地？

这时，夏总重新亮出了Z公司的战略定位中的九大策略，并请大家根据自己部门的实际情况制定相应的子策略。桌促动师此刻带着伙伴们运用团队共创的五大基本步骤，开始聚焦部门策略与公司九大策略的重点，头脑风暴，想法排列等，有步骤、有架构地开始讨论。

最终，市场部明确了2013年的重中之重是提升终端销售，技术部也通过一个靶心图明晰了要加大对移动互联网工具的投入，而人力资源部在和几个关键部门现场的沟通中也调整了自己的工作重点，计划对公司关键人才的培养采用行动学习的新模式，要大家带着问

第六章 行动会议第二步：连接智慧

题来学习，而不是再像以前那样请些名师来讲课就算了。

最后是制订行动计划环节，即研究2013年战略落地行动计划。由于此前各个部门已经初步思考了次年的部门行动计划，本次会议的目的在于通过未来探索，促进大家共同完成年度策略，打破部门限制，从年度策略落地的角度重新审视与优化部门行动计划。因此，夏总把两天的未来探索会议结束于确认共识环节，并要求各个部门在未来一周内明确行动计划，之后向高管进行行动计划汇报。

会议结束的第二天，一位副总主动向夏总反馈："我觉得这种方式非常好，值得大力推广。它是一种自下而上的对公司策略的参与讨论，可以让参与的人员在体验中自我管理、自我成长，为自己的行动负责。"

回顾这次的未来探索会议，夏总在会后和大家分享："以往公司定出来的年度战略是从上往下传达的，再配合文件发到各部门，层层往下传达的时候理解不一，认可不一，影响了各部门员工的执行力度。我认为这个未来探索战略会，唤起大家对总公司，对本部门工作的热情，比高管直接给大家灌输公司策略、要求大家高效执行要来得更为有效。"

这一次未来探索会议的成功举办，让夏总坚定了在内部推行未来探索会议模式的决心。还没有等他发布全员学习任务，市场部的老总找到他问，自己想下周在市场部同样做一场未来探索，让部门的员工们对战略达成共识。夏总不禁喜上眉梢，他似乎看到了Z公司各级员工热火朝天地参与、高管省心省力、员工自动自发的景象！

（本案例由WFA专家级认证促动师何虹谊提供）

开放空间（Open Space）——打开空间，让智慧浮现

1983年，哈里森·欧文规划了一个250人的国际会议，他花了将近一年的时间准备，光是准备所有细节、处理各种问题就花费了大量工夫。会后，大家在分享时，所有人都觉得会议整体来说的确很棒，但其中最有用的却是咖啡茶点时间。所有人花费一年的时间努力准备各类文件、与会者名单、安排演讲者等，然而大家最喜欢的部分却是完全没有施力的地方——咖啡茶点时间。这似乎暗示着某种讯息。

有没有可能把人们在轻松随意状态下呈现出的创造力和兴奋感，与会议所应具备的主要活动及成效结合在一起？更重要的是，能否在短于一年的时间内完成所有准备工作？带着这两个问题，欧文先生一直努力实践着。

就在1985年，一种新的行动会议形式诞生了，它就是"开放空间"。开放空间的首次应用是在欧文先生第三次组织变革国际会议时。这次会议没有严谨的会议流程，也没有规划和管理委员会，所有的与会者在抵达会议现场之后，只被告知会议什么时候开始，什么时候结束，以及会议的主题是什么。就连每次行动会议都要出现的促动师，在介绍了会议的基本规则后，也消失了。

这时，团团围坐的与会者需要在两个半小时内讨论出三天的流程和子主题，每个子主题的负责人、促动师、时间、地点和参与者都要一一标示出来。当每个人都找出自己想要讨论的子主题后，人们在一张白纸上记录下自己的议题，向大家宣布自己想要讨论的主题，之后贴在墙上；等所有写好议题的卡片都张贴到墙上之后，促动师宣布要讨论该主题的人自己决定会议的时间地点，让想参加这个主题讨论的人自己报名。

随后的许多年，每年的会议都以类似的方式进行。而在全世界不同的

第六章 行动会议第二步：连接智慧

地方，越来越多的人开始参与到这样的开放空间会议模式中来。开放空间已经在五大洲被成功运用。从5人到1000人的团体，无论会议的目的是为了公司重组，还是国家必须面对巨大的转变力量，都可以应用开放空间来进行讨论。

开放空间是一种引发热情与责任的团队促动方法，可以激发各类群体、机构产生颠覆式创新的方法，充分调动人们的积极性，使人们在会议中产生非凡的结果。以联合利华公司为例。某年，联合利华所有茶饮料品类负责人齐聚新加坡，对中国市场的饮料业务做了一个全方位大讨论。在两天的开放空间进程中，各部门负责人集思广益，迅速讨论出茶饮料在中国的发展战略，形成共同目标，并获得了高执行力的承诺与行动计划。

开放空间尤其适用于复杂的问题，或是大家想法有分歧的情况。管理者在以下情形出现时采用开放空间比较合适：

● 希望参与者有效讨论，以解决错综复杂、暗藏冲突或有实际冲突且亟须立即处理的议题，并促动组织变革的过程中；

● 准备扩展团队对行动的承诺及责任感时；

● 想要促进团队成员搜集与分享信息，通过有效对话促进团队灵感迸发时；

● 期待准备一场激发创造力与热忱的会议，让人们如在中场休息时热烈交流般地全心参与，让人们如参加一场充电营后那样的精力充沛，并能够在会议现场产生具体可行的行动方案。

在具体实施过程中，管理者如果想要快速找出共同的问题和机会，并建立起相互了解，会期可以设置为半天或一天；如果还希望进一步聚焦问题、探讨机会点和下一步行动计划，并制作完整的过程报告给参与者，则需要两天半到三天的时间。

当管理者作为促动师来主持开放空间会议的时候,首先要了解开放空间的四大原则,如图 6-8 所示。

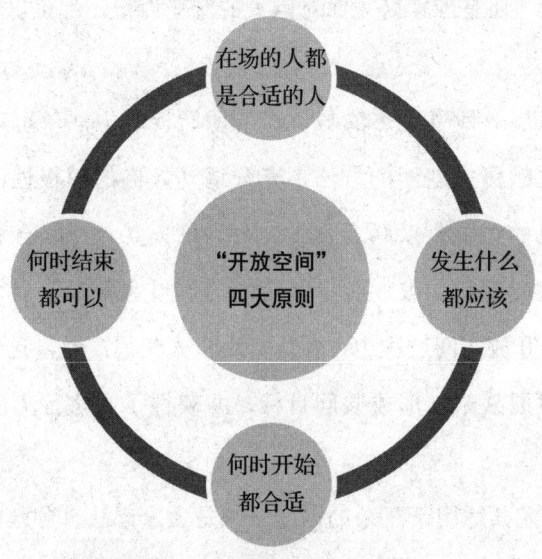

图 6-8 开放空间的四大原则

第一,在场的人都是合适的人。促动师需要提醒在场的每位成员,并不是有多少人来或是谁来,比如高管或是某部门的负责人,才是合适的。在开放空间会议中,互动与对话的品质才是关键,每个人都需要积极地与他人进行分享。

第二,发生什么都应该。在开放空间的现场,各种意想不到的点子会源源不断地冒出来。在一些 IT 公司的开放空间峰会上,有些人甚至会突然跑出会议室,回到办公室和团队讨论起这个让他无比激动的新想法,以及下一步的行动方法。作为开放空间的促动师,需要提前告知大家:开放空间充满创新,这意味着当我们超越既有的议程,超越对会议原本的期待时,真正的学习和进步才会发生。开放空间营造的会议气氛就是"珍惜当下,并了解当下发生的事就是唯一"。

第三，何时开始都合适。开放空间的促动师在开始时会提醒大家，真正的创意产生时根本没有特定的时间，应该发生时就会发生。事情的真相也往往如此。产品设计团队拼命地开会找创新的产品方案，人困马乏时搞出来的东西老总就是不满意。突然有一天，大家在一起喝茶聊天的时候却灵光乍现了。

第四，何时结束都可以。这条原则可以分为两个方面来理解。一是不要浪费时间，在会议进行过程中，做自己觉得该做的事情，做完了就开始进行其他有用的事情。二是到了预定会议结束的时间，与会者还在热火朝天地讨论，作为会议促动师，不要随便打断大家的讨论，因为你有可能打断一个颠覆性的创新想法。会议"还没结束时就是还没有结束"，此时参与者需要了解时间（与空间）是属于他们的，他们知道自己在做什么，他们有足够的智慧选择自己要做的事。

管理者作为开放空间会议的促动师，还需要了解的一个重要法则就是双脚法则。双脚法则指：在会议中的任何时间，如果参与者发现自己没有在学习或者没有提供贡献，那么就可以移动双脚，到自己喜欢的地方去。可能是加入另一个小组的研讨，甚至什么也不做，到外面晒晒太阳。这就成功地避免了传统会议中的"精神逃会"，参与者可以根据自己的兴趣去参与自己感兴趣的主题会议。同时，也终结了只顾发表自己看法，不顾及他人感受或需要的"会霸"现象。这就是双脚法则最重要的作用。

双脚法则的第二个作用，就是让每个人都成为贡献智慧的主人翁。每个人需要自己担负起责任，即在会议中相互学习，在学习中共同成长，在成长中贡献创意，在激荡创意中产生自发的行动。

除去上述两个重要作用，双脚法则对开放空间会议还有额外贡献：制造了"蜜蜂"与"蝴蝶"。

"蜜蜂"们非常认真地看待双脚法则所带来的自由，他们移动双脚不停地在各个小组的讨论间穿梭，贡献自己的思想、见解，提出有洞察力的问题，分享自己的经验教训。"蜜蜂"的贡献是大而直接的，他们如同自然界中的蜜蜂传递花粉一样传递智慧，为讨论注入丰富多彩的内容。

"蝴蝶"们通常从未真正参与任何一个小组的讨论，你可能会在会议室外、某个角落发现他们在那里喝茶、喝咖啡、晒太阳等。"蝴蝶"所做的事不多，而这正是他们的贡献。他们创造了无为的中心，在那里享受静默，或是进行某个新的、尚未被探索过的话题。往往一个话题的意义会浮现出来正是因为无人刻意追寻。

在传统会议中，"蜜蜂"会因为贡献智慧而被人赞赏，"蝴蝶"往往因为没做什么而被人非议，而这正是开放空间会议的精髓之一：让每个人做自己在当下最想做的事情，讨论自己最想讨论的话题，或是自由活动，借由现场的讨论能量，产生自己灵光乍现的时刻。老子说，"道常无为而无不为。"在"开放空间"中，"蜜蜂"与"蝴蝶"可以同时并存于会议过程中，是一种大智慧。

进入21世纪，企业需要明白，参与才是王道。与其领导组织全国各地的管理者回来听训话，还不如录个视频给大家看，这样可以省下大把差旅费；与其在会议中夸夸其谈，不如掌握促动技术，让参会者贡献智慧；与其强调会议规则却没有任何方法杜绝"人在心不在"，不如改变会议的开法，创造激发智慧最大化的会议现场，打开空间，让智慧浮现。

管理者想要开启一场开放空间会议时，需要遵循以下基本步骤。

第一，请参与者先围成一个圆，在圆心处放上彩笔和一些A3尺寸的白纸。

第二，和所有人说明开放空间会议的流程、规则。

第三，请参与者自主提出想要讨论的议题，并到圆心处用彩笔写在白纸上。

第六章 行动会议第二步：连接智慧

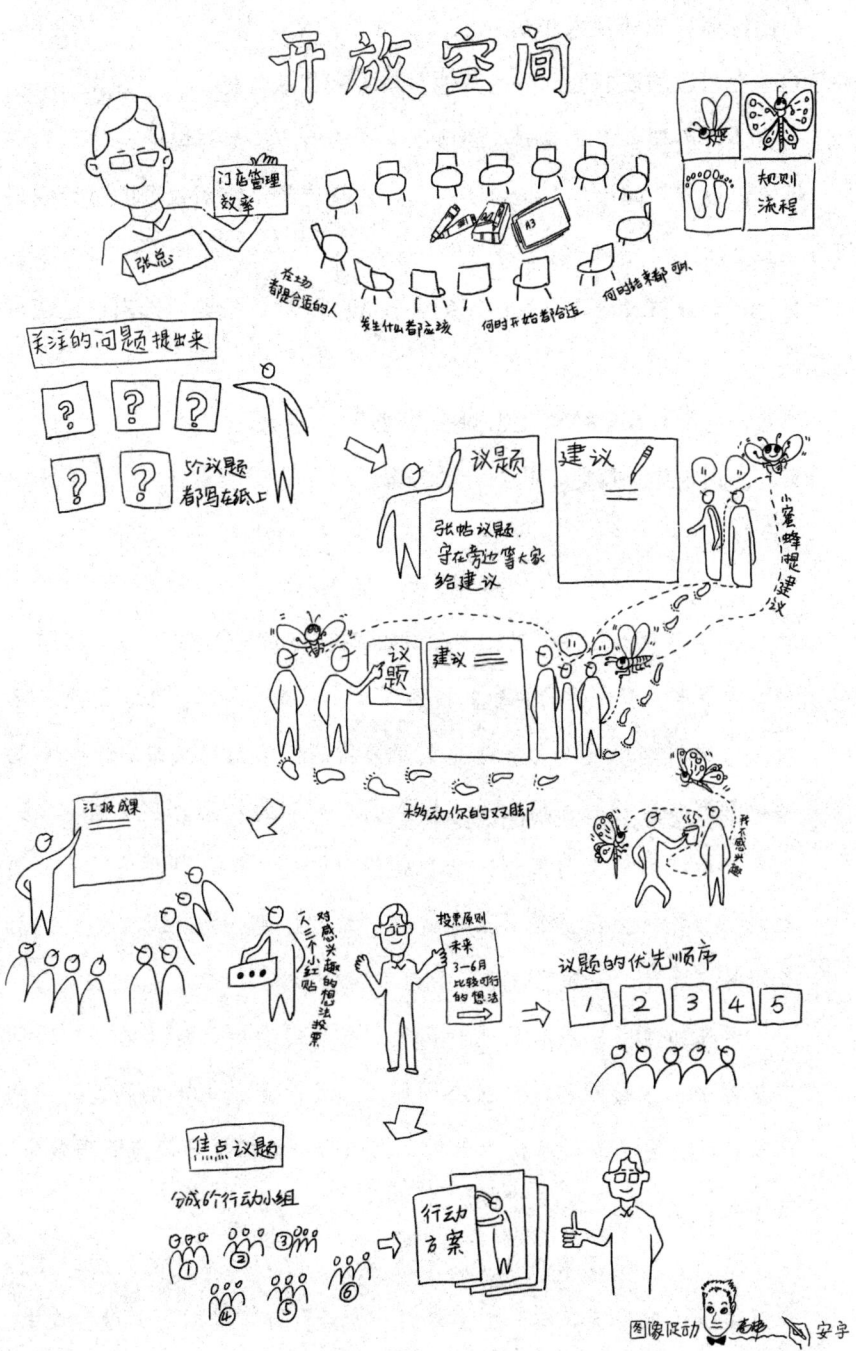

第四，请议题的主人带着自己的议题，在会议室中指定的区域张贴，并各自守在自己的议题处，等待其他参与者来贡献智慧。

第五，请参与者移动双脚，到自己喜欢的地方去参与讨论。

第六，设置新闻墙，在指定的时间，由指定的小组对议题的讨论成果进行汇报。

第七，请参与者给各个议题下的各种想法与建议投票，选出自己认可的想法。

第八，将所有议题按照优先顺序排列。

第九，锁定焦点议题，找到行动方案。

案·例·分·享
店长运用开放空间探讨如何提升门店管理效率

近年来，餐饮业的竞争日益激烈，尤其是连锁餐饮业。作为一名从一线成长起来的老总，张总深深懂得：门店的绩效来自于店长的高效管理，店长的管理水平直接影响着团队的凝聚力及每位员工的工作热情。而员工的工作热情、服务能力恰恰是吸引回头客的重要砝码。因此，上任伊始，张总就将"如何打造一支有工作热情的店长团队，提升门店管理效率"列为工作重点。

到底如何做才最有效呢？这时，张总突然想起自己前一段时间在总部培训中接触到的开放空间促动技术，于是决定在最近一次的店长月度例会中专门拿出半天时间来探讨"如何提升门店管理效率"的问题。

为了会议能够顺利召开，张总做了充分的准备。他先请助理将会议室里的椅子围成一个圈，再将"蜜蜂"和"蝴蝶"引进会议室。具体的安排是：在会议室里分别张贴蜜蜂和蝴蝶的图片各两张，在

第六章 行动会议第二步：连接智慧

左边的墙上贴上了一双彩色的大脚丫挂图，以此来表示开放空间里的双脚法则，并用来在开场时说明"蜜蜂"与"蝴蝶"分别代表什么样的行为。在凳子围成的圆圈中间，摆上12色彩笔和一些A3尺寸的大白纸。这样布置之后，整个会议室呈现出一种亲和的、有参与感的氛围。

下午1点半，门店店长们陆陆续续来到了会议现场，大家坐在凳子上，有点迷惑又有点兴奋，感觉到将有个不同寻常的活动。

张总参加过行动学习促动师的学习，也体验过开放空间促动技术，他知道此时此刻，他不是以领导的身份来开会，而是要成为会议促动师的角色，促进大家有效参与，有效讨论。结合自己团队成员的特点，张总设计了这个半天的开放空间会议流程。他站到圆圈中间开始发言：

"各位店长，今天下午我们例会的主题就是请大家一起来探讨自己关注的问题。跟以往的方式略有区别，今天会议的主人公不是我，而是大家。大家要在这个下午共同探讨问题，交流经验，寻找可行的行动计划。现在哪位有自己在工作中比较关注的问题，可以直接提出来。"

习惯于张总一锤定音的店长们开始还有些无法适应。不过，在张总的一再鼓励下，一位新任店长大胆地提出了自己的疑问："我最想知道的是，淡季的时候大家的门店是如何经营的？我担任店长时间不长，就被这个问题难住了，希望大家能多给些意见。"

看到有人主动发言，张总非常高兴："小李，谢谢你来打这个头炮啊！现在请你到圆圈中间来，把你的问题用彩笔写在大白纸上，字写大一点，让大家都能看到。"

有了第一个提问的人，大家也逐渐活跃起来……一会儿工夫，另5个新问题就出现了，它们分别是："我的客人，你在哪里""门店的环境怎样改造才能更好地促进销售""加盟店如何进行品牌建设""如何从被动管理变成主动管理""如何使我的员工对客人如家人般热情"。

张总听在耳里，喜在心里。这些问题都是张总已经想到的，今天大家能自己提出来，证明大家都是想解决这些问题的。不过，他明白自己的角色是会议促动师，而不是老总，因此抑制住自己想发表意见的冲动，请几位店长将问题用彩笔写在白纸上后，向大家宣布了会议的规则：

"各位店长，我们现在进行的是开放空间。目前已经有6位店长提出了他们关心的问题，他们就是今天下午的'问题所有人'。一会儿，我们就把这6个问题分别张贴到会议室的6个地方，其他伙伴可以移动双脚，根据自己的兴趣、经验选择小组，贡献自己的智慧。当然，对这些问题都不感兴趣的伙伴也可以选择出去晒太阳，或者做自己想做的事情。"

张总一边讲，一边挪动脚步，先后对大脚丫挂图和蜜蜂、蝴蝶彩图做了讲解。随后，他还告诉大家：第一轮讨论的时间是1个半小时，时间到了之后，请大家回到原地，由6个问题的主人报告自己获得的建议。

规则讲完之后，张总就请助理把问题分别贴到会议室的6个区域，随后宣布会议开始。没有提出主题的店长们开始站起来，到自己感兴趣的主题那里，和提出问题的店长交流起来。

张店长跑到"淡季的时候，你们的门店是如何营销的"这个主题所在的区域，说："李店长，关于淡季促销，去年我有一个成功的案例。去年淡季的时候，我们店搞了促销活动：买套餐送卡通玩具。

第六章 行动会议第二步：连接智慧

来店里的小朋友都可开心了，第二天还催着父母再带他们来。"李店长非常高兴："这个方法不错，我先记下来。"在每个主题下面，会议助理给每位店长都贴了一张大白纸，用于记录"蜜蜂"们贡献的各种想法。

"如何使我的员工对客人如家人般热情"这个主题区域下聚集了一大批店长。有店长提出："在咱们店里，每天人来人往的，员工的工作量都很大。现在的员工大部分都是'90后'，至少也是'85后'，怎么能做到对客人像家人一样热情？这个主题本身是不是也有问题？"也有店长认为："我们平时再忙，每天也要开个小会，对那些工作态度好、笑容温暖的员工提出表扬，送出一个笑脸图标。集齐10个笑脸图标，我们就给员工各种奖励。奖励的奖品其实都不贵，但是大家都会积极争取，觉得很有面子。"……问题的主人王店长请助手将大家的想法一一记录在大白纸上。有些伙伴从其他主题移动到这个主题来，虽然没有参与讨论，也从记录的内容中学到很多方法，还掏出笔记本记录下来。

张总也在各个主题间游走，他时而倾听大家的想法，时而也在每个地方抛出问题让大家思考："90后"员工最关心的是什么？客人愿意介绍自己的朋友来通常因为什么？环境如何打造才能吸引客户进店？在有些主题上，他也贡献了自己的想法："赵店长，你们店的员工都比较年轻，你也新上任不久，在管理上需要琢磨'90后'的心理，了解他们的兴趣爱好。"……通常，张总会在倾听了大家的想法之后，再贡献自己的智慧，以免形成倾向性意见。

1个半小时很快过去了，张总召集大家重新围成一个圆圈，之后请每个问题提出者依次到中间来。每位店长都带着写满建议的大白纸，将上面的建议和想法向全场的伙伴做3分钟的总结报告。

接着，会议助理给每位伙伴发了3个小圆贴，请大家为大白纸上的建议投票，投票原则是未来3～6个月自己认为比较可行的想法。投票结束后，张总又提出了新的任务：请大家分成6组，给聚焦后的建议寻找下一步的行动建议，时间是1个小时。

先由提出问题的6位店长提出自己的行动计划，随后其他门店的店长也分别根据自己门店存在的问题，将自己能贡献的经验加入了6个行动计划小组，承诺在未来的6个月中，加强交流，及时分享经验，及时给其他店长提供建议，协助他们解决问题。为此，大家还建立了一个行动学习小组的微信群，方便及时联络。

时间已经过去了4个小时，店长们依然热情不减，似乎有很多想法还在源源不断地冒出来。

开放空间即将结束了，张总召集大家再次围成一个圆，请每位参与者分享他们今天下午的收获及感悟。孙店长第一个发言："今天下午听了很多店长的分享，平时虽然我们也有交流，但是大多是工作上相互问问这个月任务达标没有，销售额多少，很少有机会能在这么短的时间里听到这么多的好想法。今天我最大的收获就是知道了我们区域几个门店的淡季营销经验，而且都是实战经验，我打算回去就召集团队一起商讨对策。"轮到新上任的吴店长时，他也分享了自己的收获："平时我们很忙，都闷着头干自己的工作，今天下午听了很多非常棒的想法，原来自己身边的同事就非常有创意了，我们也没必要老是去外面请一些什么营销大师回来上课，而要多和身边的店长们交流，我今天感受到了团队强大的力量！欧耶！"现场爆发出愉快的笑声。

张总第一次在自己的团队里使用开放空间，开始他也有些担心：这么松散的会议规则，没有自己全程盯着每个小组，大家自己能把会开好吗？能有什么高质量的建议提出来吗？今天的结果及大家表现出来的积极状态也出乎张总的意料，取得了超出预期的效果。张总在会议结束时，忍住了对大家的成果做出一番高姿态的点评，因为他想起来在行动学习的课堂上，老师说过："有经验的领导如果不能控制住自己在会议中的讲话与命令欲望，就会带出一个没有创意没有执行力的团队！放手让大家先去做，陪伴大家尝试错误，在错误中学习，在学习中成长并找到解决方法，最终会获得一个自动自发的团队！"

张总在会议结束时，也和大家一起坐在座位上，平等地分享了自己的感受："各位，我是从一线成长起来的，刚刚开始来带这个团队，今天大家的分享让我也有很多感触，我发现了大家亟须我支持的地方却是我平时工作中没有关注到的。这也引了起我的反思，我期待与大家一起共同努力工作，实现我们共同的目标，一起打造一个超级团队！"店长们集体鼓掌，听得出来，他们是发自内心地拥护张总的想法，而不是平时开会时的例行鼓掌。

私人董事会（Peer Advisory Board）——企业家互照镜子，直面核心问题的行动学习之旅

进入21世纪的第二个十年，随着社会、经济、科技的不断发展，企业家们的学习习惯和社交模式都发生了不小的变化。2013年，私人董事会在国内企业家群体中走红。一时间，人人都在谈"私人董事会"，人人都在关注"抱团取暖"。那么私人董事会到底是怎样一种新理念呢？下面就让我们一起来看一看。

私人董事会最早出现在20世纪50年代的美国。1957年，美国企业

家罗伯特·诺斯和他的四位企业家好友聚在一起,希望通过知识和经验的分享,同心协力地解决问题,帮助各自的企业取得更好的成绩。他们给自己的聚会起了个名字——TEC(The Executive Committee,决策者委员会),这便是私人董事会的缘起。

迄今为止,私人董事会已经有了50多年的发展历史。目前,全球十几个国家有超过1000个私人董事会小组在运行着。众多欧美企业总裁都拥有自己的私人董事会。另外,也有为数不少的专业机构为中小企业的管理者提供私人董事会组建服务。世界权威机构邓白氏(D&B)一项调查显示,拥有私人董事会的企业成长速度是其他企业的2.5倍。

既然私人董事会如此了得,那么是不是所有的企业都可以应用它呢?它到底适合什么样的企业家群体呢?它又是如何让参与者同心协力解决问题,从而帮助各自的企业取得更好的成绩呢?

说到应用对象,私人董事会比较适合成长中的中小企业家群体。在美国,私人董事会也是在营业额为百万美元至千万美元的CEO群体中较为盛行。为什么呢?大型企业往往都有自己的董事会决策机构,而成长中的中小企业往往没有这种董事会决策机构。在进行重大决策时,最常见的是企业总裁凭经验直觉进行决策;引入了职业经理人团队的企业,往往由于经理人打工心态,以及面对强势总裁无法坦诚说出真实想法等,企业家们常会处于决策盲点而不自知。成长中的企业在引入管理咨询的过程中,咨询公司往往提供了一个看上去很美的战略地图,由于内部管理团队能力不足,管理咨询在中小企业无法落地的现象比比皆是。企业家群体抱团成长,互助学习的私人董事会也因此得以发展。这也非常符合私人董事会的初衷,私人董事会的英文是"Peer Advisory Board",直译成中文就是"同伴建议董事会"。

私人董事会为企业家群体建立了一种有效的"共修"模式,在共同的学习中，直面各自深层次的问题，相互促进，共同成长。同时，它也可以理解为一种企业家行动学习的过程。行动学习这种基于真实问题相互学习、共同成长，在成长的过程同步解决问题，是一种非常适合企业家的学习方法。行动学习小组从组建到持续数个月或者数年相互帮助，共同成长，运用伙伴的力量，支持每个人解决自己面临的问题或是小组协作，从而解决共同面临的问题。

这也是私人董事会与一般企业家聚会的区别所在。具体来说，私人董事会不同于一般的企业家聚会，主要体现在以下三个方面（如图6-9所示），即结构化研讨的会议流程，相互支持的伙伴关系，熟谙教练/促动技术有成功创业经验的私人董事会教练。

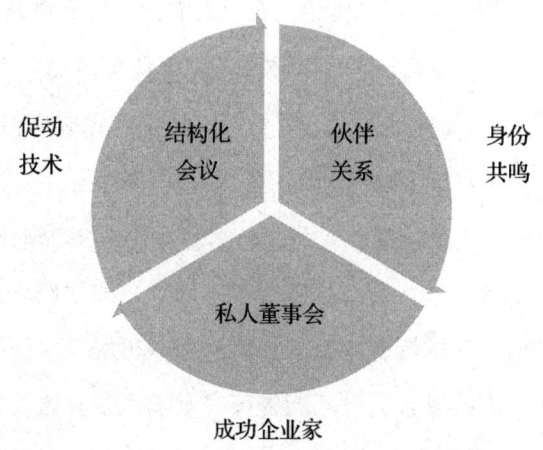

图6-9　私人董事会与一般企业家聚会的三大区别

先来看结构化研讨的会议流程。在会议流程中，所有的参与者都是平等的伙伴关系，不会出现决而不议或者议而不决的现象。另外，会议主持者的能力非常关键。私人董事会的主持人要掌握专业的会议促动技术，才能让能量场巨大、热爱发号施令、表达欲望强烈的企业老大们在流程的牵引下，实现智慧的连接。

在初期，企业家们没有掌握这种会议促动技术，就需要邀请专业的会议促动师来协助主持私人董事会；经过一段时间的体验、实践后，当企业家们能够熟练掌握这种会议促动技术，自如地实施私人董事会会议流程，促动参与者连接智慧，解决问题时，就可以自行组织这种常规的私人董事会会议了。

一次有效的私人董事会会议流程，主要包含以下七个步骤。

第一步，聚焦问题。会议促动师邀请每个参与者思考并聚焦提出一个问题——今天你希望讨论的是什么？什么是正在困扰你的真实问题？

第二步，选择问题。会议促动师请参会者投票，选出一个大家都感兴趣的问题。

第三步，问题描述。促动师请问题所有者向与会者详细阐述自己的问题，并且为问题描述架构清晰的表述格式，以便将问题描述得更为清晰。例如，"我的问题是如何＿＿＿＿？我想解决这个问题的原因是＿＿＿＿，我已经做了＿＿＿＿，我的困惑点在于＿＿＿＿，我希望＿＿＿＿。"

第四步，提问厘清。在这个环节，会议促动师需要清晰地告知与会者向问题所有者提问，帮助问题所有者明确真正的问题，并强调在这个环节中只能提问，问题所有者也只能就问题做出回答，回答需要简单明了。会议促动师会引导参会者不断提问。对于"带着建议帽子的提问"，促动师会适时干预，指出这是一个建议，可以到下一个环节再表达；有洞察力的问题会让问题所有者反思，不断向内看，找出问题的根源。

第五步，给予建议。专业的会议促动师会通过感应现场团体能量的起伏，适时结束与会者的提问环节，开始启动建议环节。促动师鼓励与会者基于自己的经验教训，坦诚地向问题所有者提供可操作的建议。

第六步，总结反思。在建议结束后，会议促动师会请问题所有者进行个人总结，引导其进行合适的表达建构，通常要说明自己当天的收获与反思，在所提出的问题上，自己可以做出哪些改进，具体的行动步骤和时间等。

第七步，小组反馈。通常，会议促动师会请所有与会者表达自己今天在私人董事会会议中的收获、感悟等。最后的小组感悟和分享往往能再次引发与会者的思考。

而长期"共修"的私人董事会小组，还包含第八步，问题所有者的行动；第九步再次回到私人董事会小组，汇报自己的行动成果，反思与改善计划（如图6-10所示）。

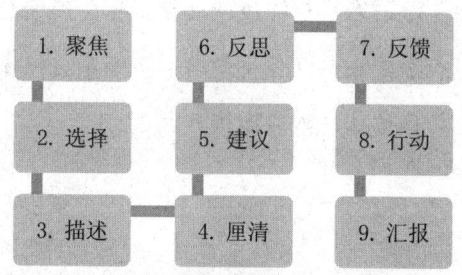

图 6-10　召开私人董事会的九大步骤

结构化的研讨规则在私人董事会刚刚成立的时候，可能会让与会的企业家不太习惯，也会产生一定的质疑。而当研讨互动持续一段时间后，大多数与会者会感受到结构化讨论带来的效率，并体验到会议促动师在聚焦问题与鼓励创新思考、在促进个人反思与小组集体智慧连接中不断平衡带来的研讨乐趣。

由于私人董事会是一个持续的学习与成长过程，通常成员会每月定期聚会。在下一次私人董事会开启时，第一个环节需要请上一次的问题所有者阐述自己行动的成果与经验分享，对未完成部分还有哪些改善行动计划；之后进入常规的私人董事会流程。

对于持续成长的私人董事会小组，通常情况下第一步和第二步也可以在会前完成，以提高会议的效率。

总的来说,私人董事会的流程本身并不难操作,难点在于对结构化会议流程的尊重和会议促动技术的掌握。

一名专业的会议促动师,要熟谙提问、观察、聆听、表达的技能,并在会议过程中平衡地运用这些技能来促进与会者参与(如图6-11所示)。促动师需要适时在会议过程中,层层深入地提出有洞察力的问题,促进与会者进行反思;观察现场参与者的群体智慧能量是顺畅地流动还是阻滞在某个地方,有效地运用群体互动技术来促进智慧能量的流动;深度聆听每个人的发言,与每位参与者进行深度的连接,从而促使与会者内隐的智慧浮现;促动师通过合适的表达,让每位与会者尊重会议流程,尊重每位参与者的智慧,从而使群体智慧得以连接。

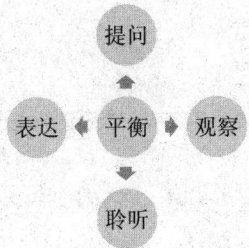

图6-11 专业促动师需要掌握的技能

从某种意义上来说,每位企业家都需要成为一名促动师。这不仅仅是私人董事会的需要,也是企业家促进自己企业员工群体智慧得以浮现,让企业倍速发展的基本能力。有着"CEO中的CEO"美誉的通用电气公司前CEO杰克·韦尔奇就是一名伟大的促动师。他在启动通用电气公司历史上最著名的企业文化变革过程中明确地指出:"领导者需要的不是控制和监督员工,而是促动、尊重员工,建立一种每个人的想法都有效的群策群力的企业文化。"

许多企业家俱乐部、EMBA同学会、CEO联盟都希望建立私人董事会,而私人董事会绝对不仅仅是一次人脉的重组、资源的再整合。它的技术含量在于专业的会议促动师及企业家群体对促动技术的掌握程度。企业家群体没有实现技能和思维方式的升级，私人董事会不过是一个换了高级名字的茶话会和人脉圈，对身处红尘中的企业家心灵深处的需要和深层次问题的解决没有任何帮助。

谈完了结构化研讨的会议流程，我们再来一起谈谈相互支持的伙伴关系的建立。

通常情况下，要建立一个相互信任的私人董事会小组，需要符合以下四个基本原则（如图6-12所示）。

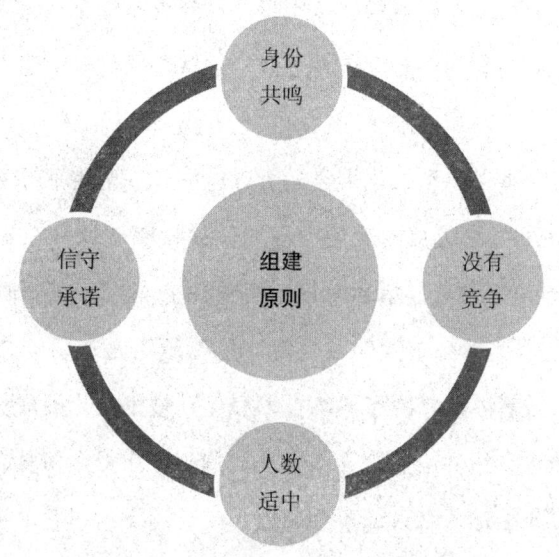

图6-12 建立互信的私人董事会小组的四大基本原则

第一，身份共鸣。小组成员可以有行业差异、学历差异，但是身份要匹配。譬如都是企业的创始人，企业的经营规模差距不太大，可以都是资产在2000万~5000万元的企业家，也可以是资产在5000万~1亿元的企业家。相同的经历，类似的问题，会更容易令企业家们在会议过程中产生共鸣，在相互鼓励与支持中一同前行。

第二，没有竞争。小组成员之间没有竞争关系，也没有亲密关系。譬如，在同一座城市中，都是做服装连锁生意的企业家不宜在同一个小组。夫妻、兄弟、父子也不宜共同讨论。亲密关系虽然能够促进坦诚沟通，但也同样存在很多理不清的利益关系，会阻碍所有与会者的深度沟通。

第三，人数适中。私人董事会可以从5个人开始，然后逐渐增加人数，并形成稳定的小组伙伴关系。但是，一个稳定的、长期的私人董事会小组，人数在7±2人时为最佳；一个临时组合的私人董事会小组，建议人数最好也不超过15人；如果按照中国人围桌吃饭的习惯，一般就是12人比较舒服。要知道人太少，智慧的连接不足，创新就不够；人太多，一轮讨论的时间过长，参与者的注意力容易发散；这些都是会影响私人董事会的效果的。

第四，信守承诺。私人董事会之所以能够长期坚持，并滋润每位参与者的身心，解决每位成员的深层次问题，最核心的原因在于每位成员都能信守承诺。这些承诺包括：为每个组员保守秘密，遵守时间，遵守小组的共同约定，尊重每个人的发言等。这些承诺是成员们在有经验的教练/促动师，或者熟练掌握了教练技术和促动技术的小组成员引导下逐步形成的。后加入者往往需要承诺遵守这些规则，获得全体私人董事会小组成员的认可，才能加入私人董事会小组。如有违反承诺者，小组成员也可通过投票的方式，请他离开。

那么，什么样的人可以做私人董事会教练？适合某个私人董事会小组的教练最好同时具备以下两大特征。

第一，内容专家。作为教练，最好自己是有过创业经历的企业家，且经营过的企业规模要大于所要教授的私人董事会小组成员的企业。由于有真实的创业经历，所以教练可以从内心深处理解此类经营规模的企业家面临的困惑与挑战，能够适时地分享自己的亲身经验，并提出合理的建议。

第二，过程专家。私人董事会的教练必须要熟练掌握教练技术和促动技术。也就是说，既能够在平时基于小组成员的需要，进行一对一的个人教练，又可以在会议过程中，通过有效的提问、观察、聆听、表达，促进小组成员深度反思，连接智慧，共同成长，并将自己的经验有效地传授、迁移给小组成员。

然而，遗憾的是，能够同时具备上述两大特征的人太少。许多企业家有着丰富的创业经验，却缺乏相应的经验/智慧迁移能力，即无法用有效的对话方式、培养方式来促进他人获得自己的经验与智慧。很多企业家除了会演讲、说教、提问，观察与聆听的能力都不强，所以无法促成中小企业家跨越从"应该如何做"到"实际做到"之间的鸿沟。而目前掌握教练技术与促动技术的教练、促动师和顾问，大多数又缺乏创业实践经验。这就使得成长中的企业家群体依旧在"摸着石头过河"。

因此，中国企业家群体要形成真正的私人董事会小组，促进企业倍速成长，需要一种蚂蚁精神，愿意抱团互助成长，已经比较成功的企业家愿意牺牲一些经营自己企业的赚钱时间，愿意掌握促动与教练技术（这里提到的教练技术并非那些打鸡血的所谓心态教练技术，而是提问、观察、聆听、表达及绩效改善教练技术），有效地支持与陪伴成长中的中小企业家在解决真实问题的过程中成长。这样一来，私人董事会的价值才会真正体现出来。

案·例·分·享

陈总组织 10 位企业家，运用私人董事会流程探讨"如何促进员工积极主动参与到问题的解决中来"

陈总是一家机械公司的董事长。凭着"拼命三郎"的干劲儿，几年下来，他公司的产值已经超过亿元，员工也达到了上百人。随着业绩的提升与员工数量的增加，陈总常会感觉身心俱疲。于是，为了更好地经营公司，重新获得工作热情，他开始像其他高速发展的中小企业的总裁一样到处学习。EMBA 班、EDP 班、总裁班都有他的身影。只可惜学来的技术只是在短时间内发挥了作用，时间一长还是一切如故。直到陈总接触到了私人董事会，一切才有所改观。

前段时间，陈总受邀参加了一次私人董事会。他发现，会议的参与者都是各个企业的老总。大家在现场促动师的引领下，针对其中一位服装行业的企业家提出的问题，通过不断提问帮助他逐渐认识到自己的盲区。之后的建议阶段，陈总更像是发现了新大陆：各位参与者虽然所在的企业各不相同，但大家拥有相似的创业、企业发展经历，提出的建议都一针见血，切中要害。这次私人董事会的见闻给陈总留下了深刻印象。于是，他决定去专门学习主持私人董事会的促动技术。

很快，陈总就掌握了私人董事会促动技术，并和他的朋友赵总一起成功地召集了一次会议。这次会议的与会者除了陈总和赵总之外，还有几位无利益冲突、公司规模相近的企业家。主题是探讨"如何促进员工积极主动参与到问题的解决中来"。整场会议由赵总担任主促动师。

为了会议能取得预期效果，两位召集人提前选择了一个适合私人董事会召开的地方。这个地方私密安静，让大家能静下心来，全身心投入现场交流；有圆桌，能让大家感到彼此间的平等，而且互相能看到对方；有企业和姓名牌，便于大家互相熟悉；还有墙上手绘的流程挂图，让大家知道会议是有规则的。

除了布置会场，赵总还专门给大家发了会议通知。通知包括：私人董事会是什么、本次会议的主题和议程，以及会议规则。这样做的目的，一是请大家做好心理准备，二是保证会议能够如期有效进行。

有了充分的准备，私人董事会如期举行了。首先，作为主促动师的赵总做了开场白，简单介绍了私人董事会的缘起和发展，本次会议要探讨的主题，会议的议程、规则。

为了交流顺畅，赵总请与会者先做了自我介绍。介绍完毕后，他向大家宣布了第一个规则："各位老总，为了保持有效沟通，请大家在会议期间将手机交给会议助理保管。"有参与者虽然提前收到了会议规则，还是在现场提出：各位老总平时都业务繁忙，像房地产公司的张总就还在等着一位北京客户的回复。这个时候上交手机是不是会耽误工作？促动师赵总严肃地说："各位老总，我们要遵守会议规则。更重要的是，我们要尊重每一位在现场的伙伴，关注当下。"于是，大家都痛快地上交了手机。

接下来，赵总请"问题的主人"陈总用 3～5 分钟时间对自己带来的问题进行陈述，并要按照"我如何……（要解决的问题）这个问题很重要是因为……（什么原因）为了解决这个问题，我之前做了……（什么事情）然后希望大家帮助……（做什么事情）"的形式。这样一来，与会者就能比较清楚地了解问题的来龙去脉了。

于是，按照上述形式，陈总开始了自己的陈述："我创立这家公司已经有 7 个年头了，年产值已经上亿元，员工也有上百的。公司打算未来 5 年将资产从 1 亿元发展到 5 亿元，这对我来说是一个坎儿。

第六章 行动会议第二步：连接智慧

目前的市场环境、国家政策都不是问题，让我头痛的是解决目标的落实问题，到底该怎么做才能让员工自动自发地参与到问题的解决中来。几年来，我深感关于目标的落地都是靠我自己的力量在推动，稍有疏忽，很多事情就无法执行下去。公司要实现资产从1亿元到5亿元的飞跃，什么事情都靠我亲力亲为是不现实的。现在公司上百人，情况已是如此，要是发展到两三百人呢？为了解决这个问题，我们搞过战略规划、绩效管理咨询，也给管理层做过培训，可是都收效甚微。这就是我们遇到的问题。这个问题也具有一定的普遍性，所以提出来希望大家共同探讨，给些好的建议。"

陈总发言完毕，主促动师赵总紧接着做了动员，并宣布了讨论原则："非常感谢陈总坦诚地和我们分享了他的问题。在座的各位都是企业老总，在企业快速发展过程中都积累了不少经验教训，相信一定会有出色的建议。只是，在此之前，请大家按照我们的既定流程来做。下面要进行的步骤就是向陈总提问。提问的目的有二：一是积累更多的信息，以便大家提出更有针对性的建议；二是帮助陈总厘清问题的脉络，找到身为当局者看不到的盲点。不过，在这个环节，大家只能提问，不能给建议，后面有专门的建议环节。如果在这个环节有建议出现，我会毫不犹豫地打断。好，现在请大家开始发问，这个环节大约1~1.5小时。"

来自IT企业的黄总首先提问："请问你们公司目前的管理层有几位？"

陈总："高管主要是董事长和总经理，中层包括采购、技术、生产、销售、人力资源等各部门的经理。"

来自制药企业的沈总接着提问："那么，管理层想要达成什么样的共同目标呢？"

陈总："打造世界一流的企业。刚开始创业的时候，觉得实现这个目标并不难,现在做了一段时间反而觉得难了,感觉自己力不从心。"

来自外贸公司的李总也提出了自己的问题:"员工有什么表现,你觉得就算是自动自发参与到解决公司的问题中来了?"

陈总:"我们公司的产品在业内还是属于比较尖端的,研发出来的产品需要不断测试,所以需要生产部高度配合,还需要采购部与供应商打交道时,按照我们的需求要求供应商定制。我本身是搞技术出身的,很多时候都在搞技术研发,希望他们几个部门的员工能自己和采购谈判好,沟通协调好。现在的情况是,一有解决不了的问题,他们就跑来请求我出面。我的大部分时间都用来陪他们解决问题去了,这严重影响了我的研发进度。我希望他们把公司当作自己的家,把公司的问题当作自己的问题,尽最大的可能自行解决问题,不要什么事情都来找我。"

听到此处,来自新材料科技公司的汪总忍不住发言了:"陈总,我觉得这个问题的出现就是因为你太关注技术了。作为一个老总……"

这时,促动师赵总出面干预了:"汪总,我们现在是提问时间,建议时间在后面,你可以先向陈总提问。"

"哦,现在不能给建议啊,忘记了,忘记了。"汪总不好意思地笑笑,他稍微停顿了一下,接着问道,"陈总,作为公司总裁,你每天的工作时间一般是怎么分配的?"

陈总:"我每天的工作时间分配?我每天主要的时间都是用来搞技术研发,平时还要拜访重要客户;日常公司内部管理工作嘛,一般是和公司的总经理沟通一下,主要是他在管理。"

汪总接着又追问了几个问题:"那你提出的这个让你头疼的问题,你和公司的管理层开会讨论过如何解决吗?开过几次会?他们都是

第六章 行动会议第二步：连接智慧

怎么说的？"

陈总迟疑了一下，思考了一小会儿，回答说："我们也私下讨论过的，但是没有正式开会讨论过，只是在公司例会上拿出过一点儿时间讨论。管理层的反馈就是现在员工很难管，执行力不高，对薪水不太满意，所以做事积极性不够，提出的建议就是要调薪。我们公司给骨干员工的薪水在业内已经是前三名了，我觉得不是这个问题，是管理层没有做好工作！"

汪总是个急性子的老总，又忍不住要提建议了："陈总，我觉得……算了，我一会儿再给你建议，我知道你的问题出在哪里了！"大家都笑起来。

来自汽车配件公司的倪总说："我来提个问题。老陈，你和你的员工面对面坦诚沟通过这个问题没有？你了解他们为什么不愿意积极主动解决问题的原因吗？"

陈总想了一下，似乎若有所思，还是坦诚地回答了这个问题："我平时主要和他们沟通工作上的事情，很少和员工谈心。我觉得，这是总经理需要做的事情，因为他是搞内部管理的嘛！"（其实，这位总经理也是搞技术出身的，对内部管理并不擅长。）

来自塑胶公司的周总也提了个问题："陈总，现在这个问题不解决，对你和你们公司有什么很严重的影响吗？"

陈总身体向前靠了靠，有些无奈地笑了笑，指着自己的头发说："对我个人的严重影响就是身体变差了，每天上班时间都超长，头发这一年来白了很多，精力透支，我甚至都开始困惑我这么辛苦把企业搞大干什么，有什么意义。对公司的影响也很大，我们前两年资产就已经做到1个亿了，现在市场环境对我们是个大机遇，我们这两年却还是在1个多亿徘徊，我觉得员工不能主动积极解决问题就是主要原因！"

来自旅游公司的钱总清清嗓子："陈总，我听下来，你最主要的问题就是公司的总经理没有把员工的积极性调动起来。我觉得你应该把他的工作职责定好，你觉得呢？"

促动师赵总这时又进来干预了："钱总，你这是个建议，不是在提问。"

钱总说："我是在提问啊，我问他自己怎么看的。"

赵总答道："钱总，你前面给了个很长的结论，已经是在下结论了，是个带着提问帽子的建议，看着是在提问，其实是结论和建议。"（赵总去学促动技术的时候，老师给过很多"带着提问帽子的建议"的示例，之前他在课上也常常提这种"假问题"。）

钱总说："我觉得陈总的问题已经很明显了嘛，就算是个建议，现在也可以提了吧？"

赵总笑着回答钱总："钱总，我特别理解你的心情。以前，我参加私人董事会的时候也是一轮提问还没有结束，就觉得不需要再多问多听了，问题的原因很明显了，直接给建议就好。不过，等耐着性子听完所有人的提问和问题所有者的回答，我最后给出的建议与最开始得出的结论相比，已经发生了很大的变化。其实，我们在他人的提问中会逐渐接近问题产生的核心原因，也会从陈总的回答中获得更多的信息。这个过程也是让我们学习如何更好地给予他人有效的建议。"

钱总点点头，表示赞同："好吧，那我来问个尖锐点的问题。陈总，你觉得造成你们公司和自己现在的这种困境，你自己最大的问题是什么？"

问题一出，在场的老总们就是一愣。这个问题直指核心。除了赵

第六章 行动会议第二步：连接智慧

总和陈总，大家毕竟第一次来参加私人董事会，这样提问好像有点不给陈总面子。大家都看着陈总，看他准备怎么回答。

陈总参加过私人董事会，他明白，越尖锐的问题越能找到解决问题根源的方法，回答得越坦诚，大家给出的建议才会越有效果。

陈总略微停顿了一会儿，有点不好意思，但还是坦诚地回答了这个问题："我也知道作为公司的董事长，公司如果有问题，我责任最大。我觉得自己现在最大的问题就是没有面对现实，而且我还处在当局者迷的状况中，看不清楚自己到底有哪些行为是阻碍公司发展的，所以才想用私人董事会的方式，让大家给我'剥剥壳'……"

现场的提问气氛渐入佳境，接下来几个老总也开始提出一些"剥面子"的问题："既然公司的总经理是负责内部管理的，现在员工没有主动积极参与问题解决，你有没有要他拿出解决方案？没有解决问题，对他有什么惩罚措施？""你们对核心的员工的激励政策是什么？公司内部的沟通渠道是什么？你怎么保证听到一线的声音？""管理层不能推动目标落地，公司的绩效政策是怎样的？对他们的工资奖金有什么影响？""你跟没有与你合作的客户做过沟通吗？他们认为你们公司有什么问题？""资产想从 1 个亿提升到 5 个亿，你们和员工一起开会畅想过这个愿景吗？你的管理层内心认为这个目标可行吗？"……

伴随着这些"剥面子"问题的一一提出，陈总逐渐从开始有点精神不振的状态，变得注意力越来越集中，并在笔记本上将大家的问题一一记下，然后一一坦诚作答。他对最后一个问题的感触尤为深刻："我从来没有和管理层沟通过资产达到 5 个亿的战略目标，更别说和员工沟通了。这的确问到我的痛点上了。很多员工，包括管理层，都不知道公司未来 5 年要发展到什么程度。"

不知不觉间，1个半小时已经过去了。这时，促动师赵总及时插入进来："各位，大家现在的状态太棒了，提问时段也结束了。现在，我们进入建议时段。请大家稍微思考下，结合自己的经历、经验、教训，给陈总提提建议。陈总在这个环节需要保持聆听状态。"

性急的汪总第一个发言："我先来。陈总，今天你很坦诚，给我们讲了公司的很多问题，首先感谢你这么信任我们。我这样听下来，认为是你个人的领导风格导致了公司员工没有积极参与到问题解决中来。

"你关注技术研发，在公司没有建立起内部交流的渠道。员工在想什么，你没有直接的渠道获得。你和管理层也没有针对这个问题进行专门的研讨，只是把责任丢给总经理，认为他是搞内部管理的。这对一位董事长来说是不合适的，责任虽然是总经理的，但是你是公司的第一负责人。你既然已经发现是这个问题阻碍了公司的发展，而且公司业绩两年来一直没有增长，却还只是要总经理去解决。他在两年的时间里都没有解决这个问题，你还去强求，这表明你发现了问题却没有推动事情的解决。

"我建议，接下来你要亲自主抓这件事情，而且要将其作为一个项目抓起来，将自己投入技术研发的时间拿出来一部分投入到对人的关注中。你关注得少的地方肯定是你们公司的短板。要把这件事情列入公司月度例会重点讨论内容，明确管理层在这个过程中的责任，每次月度例会都问责管理层落实任务的情况，员工参与讨论的情况。对那些不该由你去直接解决的问题，拿出来放在会上直接讨论，拿出对策。"

陈总一边听，一边点头，一边记录。在私人董事会上，老总们的建议都是直指核心，没有顾问的矜持，没有课堂上教授们的理论框架，有的就是一针见血。

第六章 行动会议第二步：连接智慧

周总接着建议道："我觉得陈总选的这个总经理需要换岗位，要找个专门搞人力资源的老总来做内部管理。刚才听到陈总说他也是股东，虽然分管内务，但是也是技术出身。技术出身的人对人不太敏感，你们两个都是技术出身，这种组合肯定会导致公司以技术为导向，对员工的关心不够。你做不到的事情他同样也做不到。我们公司以前也是这样，我自己也是搞技术的，我的那个管内务的老总也是搞技术的，我让他去搞行政，结果公司很多人才都流失了，他人是不错，但是性格太耿直，说话直接，伤了别人的心他也感觉不到。我后来发现这个问题，就及时做了调整，请了一位职业经理人来做内部管理，人家是专业选手，擅长做人力资源管理，把员工关系也搞得很好。"

陈总听了，立刻产生了共鸣："是啊，我这个总经理，说起来话长，我们一起创业，说好了我负责技术研发，他拿出精力来搞人员管理，结果呢……"

促动师赵总此时打断了陈总："陈总，我们这个环节，你需要保持聆听。也许你有很多话想表达，一会儿我们专门有时间给你表达你的收获、反思和下一步的行动。"

陈总也是参与过私人董事会的，立刻会心地停下了："好的，好的，先听大家说，谢谢。"

作为一位私人董事会的促动师，需要建立好对话规则，当然自己也要遵守规则。当自己参与提问、给予建议时，要遵守时间约定，按照会议的流程进行。私人董事会的促动师有两种参与方式：第一种是自己对于主题并不熟悉，只是单纯地运用私人董事会流程来主持会议，这时只要在过程中做好促动师，建立好规则，维护好规则，并不参与到组织的讨论中去；第二种是对于主题比较熟悉，这时除了遵守私人董事会的规则,做好主持人之外,还可以参与到提问和给予建议当中,为集体贡献智慧。

接着,钱总也提出了自己的建议:"陈总,我建议你们要组织一次共识公司战略与愿景的会议。刚才你提到你们管理层也好,员工也好,其实都不太清楚你们未来5年的发展目标。没有目标,员工在公司感觉没有什么发展空间,参与度肯定会低。如果管理层也不知道未来5年公司到底想发展成什么样,那他除了知道用奖金用钱去激励员工,其他的方法也很难想得到,自己都是迷茫的,怎么激励别人?

"我以前也是关上门和几个高管、几个外面的战略顾问把战略一定,然后发个文件,也没有和管理层一起开会解读,更没有和员工一起沟通。这样搞战略制定和员工执行,管理层沟通永远都是几张皮,公司形不成合力。我原来为这个问题也老在会上发火,我们也是去年开始和管理层、员工以各种方式沟通我们的战略,比如战略落地研讨会、公司愿景共识会、绩效改善成果分享会等,还定期做出各种图册发给大家,效果很不错。"

陈总频频点头,快速地记录下一些关键点。

其他几位与会的老总也分别发表了自己的观点,提出建议和自己公司原来碰到的一些问题,以及介绍自己公司是如何渡过难关的。

促动师赵总待大家建议结束后,转向陈总:"老陈,现在到你发言的时间了。你的总结陈词也有规则,今天你的收获点、自我反思点分别是什么?下一步你打算做些什么改善?"

陈总调整了一下坐姿,身体前倾,清了清嗓子:"今天好多老总都是第一次见面,真的非常感谢大家如此直言建议。做老总久了,下属不敢讲得这么直白,很多交往的人都有利益关系,讲话也都有所保留。今天虽然被大家的提问和坦言建议'扎'了好几针,但是

第六章 行动会议第二步：连接智慧

我很舒服，真心感谢大家！

"我今天的收获主要可以概括为三点。第一，我意识到了自己对人的关注太少，对技术研发关注太多。作为老总，缺少了对人的关注，肯定无法让员工自动参与到问题的解决当中来。第二，我意识到了公司缺少通畅的沟通渠道。在这样的情况下，我无法了解一线员工的想法，员工的想法也没有机会直接传递到我这里。第三，我发现了我们中高层管理者与员工之间缺少对公司发展战略的共识研讨。

"我的自我反思点在于：我其实早已经意识到这些问题，却一直在逃避自己该承担的责任，结果反而让自己更累。我需要想清楚我对公司定的发展战略到底意味着什么。

"我的下一步行动计划也是和我的收获点相关联。一是要建立一个'总裁直通车'，让员工可以直接把建议发给我；我也会定期到各个部门走访，和员工谈心，了解他们的状态。下周我打算先走访生产部。二是要招聘一个专业的人力资源副总，专门负责公司内部人才管理。三是在未来两个月内，先和公司管理层一起召开一次5年发展战略研讨会，让我们的管理人员了解公司的战略规划。

"今天大家的提问、建议都让我产生了深深的反思，这种反思恰恰是我现在最需要的。在企业里，没有人管老总。企业出了问题，老总没有这种反思，那企业就有可能一直滑向深渊也不自知；老总有了这种反思，企业滑向深渊时就能半途停下来。太感谢大家了！"

所有现场的参与者也都给陈总这番话报以热烈的掌声。

促动师赵总："各位，今天我们的会议接近尾声了，最后我希望每个人说说自己的收获，每个人从他人分享的收获中学到的东西。"

张总："今天虽然提前看了信息，知道议程，但是是第一次参加私人董事会。我的感悟就是每个人既是问题的分享者，也是问题的解决者。"

李总:"今天这个私人董事会的方式很好,每个行业都有一定的特点,这样的跨界学习,会带来新的想法。有的行业里司空见惯的事,放到另外一个行业里就有创新。"

倪总:"今天这个过程让我反思到平时我们的会议的确应该有流程。我平时开会讲得多,听得少。今天的会议流程就是我最大的收获。"
……

促动师赵总:"感谢大家的分享。我自己也是企业的老总,今天来主持这个'私人董事会'对我也是一个挑战。平时开会都是说多问少,讲多听少,已经成了习惯。要打破这种惯性对我们每位老总都是一种挑战。我们在企业里没人管,往往打破自己在企业定的规矩而不自知;习惯命令别人做这做那,却很少完整地聆听别人的发言。

"'私人董事会'帮助我们重新开始学会尊重每个人。尊重不是用来说的,而是在行为上表现出来的,能在听别人说话时不随便打断,能尊重大家有共识的规则。我们每位企业老总都需要学会这种开会的促动技术,否则在企业中很难促进团队协作,在企业外也很难和他人达成共识,那就跟不上时代了。

"而且,我们也不能只停留在这一次交流上。我提议大家定期聚会,提前定好每次讨论谁的主题,下一次聚会时,上一次的问题所有者讲一下自己行动改善的成果。这样,我们大家才能更好地相互学习,共同成长!"

参与的老总们都鼓掌表示赞同。

伴随着大家开心的笑声,这次私人董事会愉快地结束了。

CHAPTER

第七章

行动会议第三步:行动改善

落实计划：确保行动会议中的计划落地

在上一章中，我们学会了聚焦真实问题，了解了 9 种常见的行动会议促动技术。在这一章，我们将要接触一个新问题，即落实行动计划。无论是计划也好，框架也好，只有落地才有可能真正发挥效力，才有可能实现团队能力与绩效的双重提升。如何确保行动学习计划落地？如何维持行动会议中产生的兴奋能量呢？这就需要管理者亲自陪伴团队成员制订三重计划（如图 7-1 所示）。

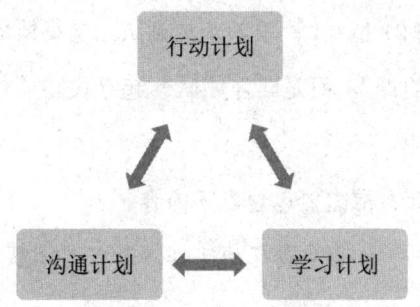

图 7-1　确保行动会议中计划落地的三重计划

这三重计划包括行动计划、学习计划和沟通计划。先来看行动计划。

制订行动计划是确保会议中那些创新的想法、建议可以落地的关键步骤。通常，行动计划包含以下内容。

● 事项——达成目标，我们需要完成哪些事情？完成这些事情需要哪些步骤？

● 起止时间——我们需要何时开始此事项？何时必须完成？

● 衡量成功标准——哪些数据/可视化成果的出现证明我们完成了此事项？

● 责任人——谁是第一负责人/谁愿意成为第一负责人确保事项按进度完成？

● 参与者——谁需要/谁愿意参与到此事项中协助责任人？

● 所需资源——完成此事项需哪些部门/财/物的支持？具体金额/物品/部门？

行动计划制订完毕，管理者还需要继续与团队成员一同制订学习计划。为什么呢？任何团队即将开展行动计划，都意味着一种新的尝试。作为一名管理者，需要有这种意识：明确这件事情是一次常规的、已经实施过、有经验可循的行动，还是一项新任务？任何新任务都意味着学习、成长与挑战。每个人在面对新行动时，都需要制订学习计划。在信息快速变化、需要团队协作的21世纪，管理者既然无法知道事情的正确答案是什么，就不要扮演"万能的神"，而是陪伴团队一起寻找完成任务需要的新技能、新知识。

学习计划的制订通常需要包含以下内容。

● 学习内容——为了完成行动计划，个人/团队需要学习什么新知识/技能？

● 学习方式——什么样的学习方式能有效掌握这些新知识/技能？

● 开始时间——打算何时开始此项新知识/技能的学习？

- 衡量成功标准——哪些数据/可视化成果能够表明掌握了新知识/技能？
- 责任人——谁愿意/谁需要成为第一负责人来确保此学习计划的完成？
- 参与者——谁需要/谁愿意协助责任人？
- 所需资源——完成此学习计划需哪些部门/财/物支持？具体金额/物品/部门？

当管理者发现团队在完成行动计划的过程中缺少某些知识、能力，就不能再简单地和人力资源部门、培训部门说：给我请个老师来上××课程，而是要运用行动学习的思路来引入有效的学习方法，从而真正地提升团队能力，实现团队成员行为改变、行动计划的落地。

有了行动计划、学习计划，管理者还要与团队成员一起制订沟通计划。任何一个计划的实行都是一次团队协作的过程。在协作的过程，人们需要保持定期的沟通。无论是面对面、视频，还是用即时通讯软件，人们需要定期互通有无、报告进度，并调整下一步的行动计划与学习计划。

沟通计划通常需要包含以下的内容。

- 沟通内容——基于行动计划与学习计划的落实，我们需要沟通哪些内容？
- 沟通频率——基于需要沟通的内容，我们需要怎样的沟通频率？
- 沟通方式——怎样的沟通方式能确保此项内容获得有效的沟通？
- 衡量成功方式——哪些数据/可视化成果能表明我们此次沟通是成功的？
- 责任人——谁愿意/谁需要成为第一负责人来确保此沟通计划的完成？
- 参与者——谁需要/谁愿意协助责任人？

● 所需资源——完成此沟通需哪些部门／财／物支持？具体金额／物品／部门？

许多管理者在抱怨团队执行力低下时，自己也需要反思一下：自己是否花了足够的时间陪伴团队一起制订行动、学习、沟通计划，而不是简单粗暴地下命令，或者只要求团队呈现结果，不管团队是怎么做的。在陪伴团队成长的过程中，管理者需要学会提出有效的问题，促进团队自我反思，自己制订解决问题的计划。没有这个陪伴的过程，团队的执行力将大打折扣。

建立小组：在任务协作中实现能力成长与任务达成

在传统的管理模式中，完成任务的团队通常是上级指定，而不管大家是否愿意、能不能按时完成。这导致团队在做的过程中容易出现以下情况。

当指定没有意愿的团队成员去完成任务时，团队出现拖沓、扯皮、抱怨是必然的。这样的任务团队往往是领导推一下，就动一下，不推就不动。领导问责时，他们会说问题都是别的团队造成的。这样的团队做任务，一般管理者就是一个字——累。

当管理者让没有能力的团队成员去完成任务时，团队出现迷茫、没有信心、推诿是常见现象。这样的任务团队往往是做一下，出了错误就停在那儿，不知道下一步该怎么办。有些团队就是按照原有的方式蛮干，结果导致干多错多，甚至返工重做。这样的团队做任务，管理者也是一个字——气。

如果指派了既没有意愿又没有能力的团队成员去完成任务，那管理者的结局就是——任务搁浅，又气又累，自讨苦吃。

如何建立愿意高效协作的任务团队，愿意自动自发地完成任务，愿意主动在行动中学习、在学习中努力达成任务目标呢？

在这个过程中，管理者首先要改变自己的思维方式——从指派任务团队到激发团队认领任务！

在行动会议中，每当有新想法诞生，团队成员达成共识，认为未来有落地的可能时，管理者就要明确谁愿意负责这个建议的落地？谁愿意参与其中？这点至关重要。

每个人对自己感兴趣的事情会充满热情，会自动自发地想很多方法去促进事情的完成，不需要别人一直推动。行动会议后，层出不穷的新想法、新创意，会刺激人们的大脑神经产生一种兴奋状态，激发了内在的某种动力，从而使人们愿意承担一些平时不愿意承担的挑战。

在创新的想法、建议产生后，管理者可以建立一种规则：如果没有人愿意负责落地某个建议，那么这个建议就不实施。也许，很多管理者会说："这是个理想状态，没人认领任务，这个也是必须完成的！那怎么办？还不是得我来做。"对那些必须完成、但是又没有人认领的任务，我建议用以下两种方式来处理。

第一，管理者自己举手担任负责人，组建行动学习小组来完成任务。

第二，如果管理者对此建议也缺乏兴趣和动力，表明这个建议落地的时间不对，最好暂缓。

强迫他人去完成任务的结果通常会得到各种抱怨,利诱他人去完成任务的结果通常需要支付高昂的代价。**作为管理者,如果不能促动团队产生自动自发的愿力去完成任务,那么这个任务从开始就注定了其曲折的执行过程与无法达成预期目标的结果。**

因此,在组建行动学习小组的过程中,管理者特别要注意以下几个关键点(如图7-2所示)。

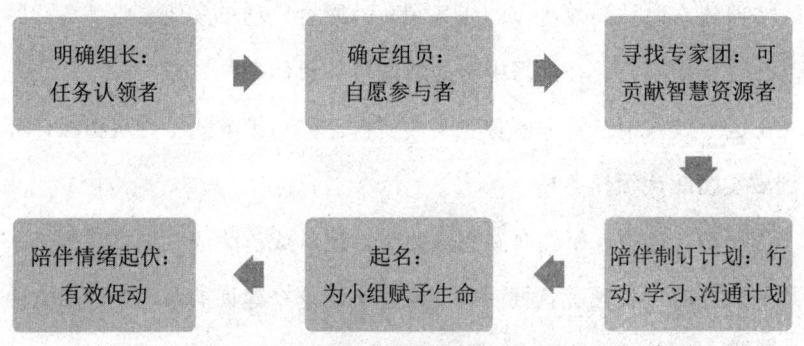

图7-2 管理者建立行动学习小组的步骤

第一,明确行动学习小组组长,即自愿举手的任务认领者,他们往往对任务怀有热情。

第二,明确行动学习小组组员,即愿意推动此任务落地的参与者。

第三,协助行动学习小组找到专家团。这里的"专家团"并不意味着要为行动学习小组用重金聘请咨询顾问,而是要基于行动学习小组的任务,协助小组成员寻找可以协助其完成任务的专业人士。这些专业人士可能是公司内部、团队内部某个领域的专家,可能是能支持这个任务完成的某个部门的管理者,也可能是管理者自己、行动学习团队成员所熟悉的某些外部顾问资源等。

不过,即便行动学习小组人马齐全,对管理者来说,也还没有到松一口气的时候。管理者仍然要继续陪伴团队成员完成以下事项。共同参与行动学习计划研讨会就是其中的重头戏。会议的时间一般为2~4个小时，会议的重点则主要表现在下列三个方面。

首先，管理者需要陪伴小组成员一起制订行动计划、学习计划及沟通计划等三重计划。对此，可以采用前面所学的促动技术，比如聚焦式会话法、团队共创法等。

其次，管理者需要促动大家一起为自己的行动学习小组和任务起名。比如，管理者可以向小组成员提出如下问题："为了让我们小组更有凝聚力，我们给自己的小组起个什么样的名字会更有气势？我们给任务起个什么样的代号能更加激发我们的动力？为什么要这样做？"

"起名"真的有这么神奇吗？其实，这里面也用到了脑科学的原理。小组从有了组名开始，团队成员就会立刻产生一种情感：我们是一起的，我们是一伙的。这就像我们平时喜欢问别人：你老家是哪儿的？浙江的。啊，我也是。你就会立刻觉得和这个人亲近一些，因为你们有共同的特点，来自同一个地方。给小组取名就是为了建立小组成员的一种共同身份。任务有了名字，就如同有了一种生命感，有生命的东西就有了一种自发生长的动力。

最后，管理者还需要陪伴团队的情绪起伏。为什么要反复强调"陪伴"这两个字，而不是其他呢？管理者希望带出的是无论自己在与不在，成员都能够充满热情、自动自发行动的团队，而不是自己盯着的时候非常听话，自己不盯着就干自己的事情的团队。所以，21世纪管理者的管理行为，是要朝着帮助团队成员的方向努力，而不是成为团队的拐杖。

那么，陪伴意味着什么呢？陪伴首先意味着注意团队成员的情绪起伏。团队成员自动自发的动力来自于一种自我激发的、内在的愉悦情绪。管理者既要懂得激发团队这种内在的达成任务的愉悦情绪，还要注意到：人们在完成一个任务的过程中，情绪并不是一成不变的。既有刚开始新旅程的快乐期,也有碰到障碍时的低谷期;既有达成阶段目标的开心期,也有遇到任务停滞不前的郁闷期;既有团队成员没有通力协作的抱怨期,也有共同憧憬未来胜利的兴奋期;既有达成共识过程中的冷静期,也有在团队成员给予自己哪里做得不太好的反馈时的惊讶甚至愤怒期;既有看不到方向时的迷茫期,也有一起行动达成目标的激动时刻。

管理者需要明白的是:这些都是团队在实施任务过程中经历的各种情绪,它们不会因为管理者喜欢或者不喜欢,接受或者不接受就自动消失或者自动产生。身为管理者,要想打造出自动自发的团队,需要理解、聆听、陪伴团队的情绪起伏,并给予其有效的促动。

|行动反思:行动学习小组共同成长的原动力|

在行动学习的过程中,小组是以攻关任务的形式前进的。这些任务往往都是行动学习小组成员以前没有做过的事情。行动会议后,对于那些提出来的创新想法和自己没有做过又想去做的事情,大家往往会经历以下四个阶段(如图7-3所示)。

第七章 行动会议第三步：行动改善

兴趣期	• 行动学习小组：渴望完成任务 • 管理者（促动师）：促进小组反思协作规则建立
低谷期	• 行动学习小组：行动遇到阻碍，情绪低落 • 管理者（促动师）：回顾成绩，反思协作问题，寻找改善点
回升期	• 行动学习小组：克服畏难心理，重新理解任务 • 管理者（促动师）：普通促动技术，促进小组自我进行有效对话
自发期	• 行动学习小组：学会自我克服障碍，养成向内反思习惯 • 管理者（促动师）：放手让小组自行讨论交流，探询行动关键

图 7-3 行动反思的四个阶段

兴趣期

在兴趣期，小组成员内心充满对创新想法实现后胜利景象的憧憬，非常有活力，非常有冲劲，极其渴望完成任务。这个时期通常出现在行动计划制订的过程中及随后的 1～2 周内。此时，管理者不仅需要运用合适的促动技术向小组提问，陪伴小组导出行动计划，还要促进小组成员进行反思讨论，厘清大家有哪些促进讨论的行为，哪些阻碍小组讨论的行为。

为什么要在小组还处于兴趣期，很有干劲儿时就要开始促进小组反思？行动学习小组需要建立怎样的讨论规则才能完成小组任务呢？之所以要选择在这个阶段进行反思，目的就是要建立小组的反思习惯。管理者在此阶段需要聆听小组的想法，及时给予鼓励。比如聚焦式会话法、团队共创法、群策群力都比较适合在此阶段运用。

低谷期

进入"理想很丰满,现实很骨干"的低谷期,各种设想、行动遇到了阻碍,或者是小组成员感到时间紧迫,任务压力大,或者是寻求各方面协助、支持时遭遇了一定的阻碍。这通常发生于行动学习进程中的 2～5 周。

在这个阶段,如果管理者没有察觉到团队的情绪状态,没有陪伴小组成员一起度过低谷期,任务往往很容易停滞不前。管理者在此阶段需要促动小组成员一起回顾、总结已经取得的成绩,激发参与者成就感的同时,坦诚地探讨出现的问题,营造团队反思的氛围,一起探讨行动学习小组出现了哪些协作上的问题,反思有哪些可以改善的地方,促进小组成员的向内探询。

对于成人而言,低谷期就是最佳的学习时期。当管理者发现团队陷入低谷时,不应该生气或给予斥责,也不要盲目激励团队,给团队打"鸡血",以为那是在注入所谓"正能量"。管理者要知道这是团队学习的绝佳时机,通过有效的促动技术,促进团队向内反思,意识到"我是一切的根源",如果我们能改变自己,用新的视角重新看待外在的阻碍因素,比如,之前抱怨"其他部门不配合,这件事情没法做下去了",在反思的过程中重新思考"我如何促动其他部门配合我,让这件事情可以顺利进行"。

在行动学习小组陷入低谷期,陪伴小组成员接受现状,面对事实,向内反思,视障碍为学习机会,是管理者最需要的状态与最合适的行为。通常在这个阶段,管理者可以使用鱼缸会议、聚焦式会话来促进小组成员向内反思与有效对话。

回升期

当管理者陪伴行动学习小组经历了低谷期,行动学习小组对任务、对"在行动中学习,在学习中行动"有了新的理解后,他们通常会克服早期碰到障碍时产生的畏难心理。同时,这个时期还会出现新的挑战。

进入回升期,管理者需要在团队中普及促动技术,让行动学习小组成员学会进行有效的提问、对话、反思,学会有效地达成共识,产生下一步行动改善计划。这样一来,即使在管理者不在场时,小组成员也能够逐步开始有效讨论,有效行动。

回升期通常出现在行动学习进程中的5～7周。这个阶段,管理者需要开始教授行动学习小组负责人基本的促动技术,如聚焦式会话法、团队共创法、群策群力,以使组长能够自己带领小组进行有效讨论,达成共识,寻找关键问题及创新想法。

自发期

进入自发期,行动学习小组成员已经能够逐步克服每个障碍,并开始建立一种遇到障碍就向内反思的思维习惯,主动寻找可行的解决方案。这时,一种新的思维、行为习惯开始形成。小组开始建立一种自发行动的学习、相互提问、思考(包括向内反思与创新思考)、在相互讨论中明辨各种观点、想法的可行性、制订下一步行动改善计划的"学、问、思、辨、行"的行动学习流程。此时,即使管理者不参与到每次的小组讨论中,小组成员也能自发的学习、行动,寻求任务结果。

自发期通常出现在行动学习进程中的7～12周。在这个阶段,管理者需要放手让行动学习小组自行讨论、交流,并鼓励行动学习小组组长向组员传授基本的促动技术，以促进小组成员能够更加有效地对话。**在通用电气公司等世界 500 强企业里，入职两年以上的员工都需要掌握基本的促动技术，目的是为了在开会的过程中，大家都有意识地遵守高效对话的流程与步骤，并且掌握相关的会议促动技能，以便无论是参与会议，还是自己召开会议，都能有效沟通，有效探询共识与下一步行动。**

在以上四个时期，每个时期都提到了管理者需要促进行动学习小组成员进行"反思"。反思在行动学习的过程中非常重要。为什么呢？在行动学习的过程中，学习发生的关键时刻是：当管理者向团队提出有洞察力的问题时，或是某个小组成员提出引起团队思考的问题时。

行动学习中的每次反思，几乎都伴随着有洞察力的提问。比如：

要实现我们的行动计划，谁是起决定性作用的关键人物？

我们继续以原有的讨论方式进行讨论，小组成员会有什么感受？

如果实施这个计划导致两个部门合并，你认为接下来可能会发生什么事情？

为什么会出现这种情况？

按照现有的行动学习计划，接下来可能发生什么事情？

我们必须采用这种方式的理由是什么？

我们可以有哪些创新的做法？

在行动学习小组任务进程中，当管理者觉察到小组成员没有有效地协作时、遇到障碍处于低谷期时、对任务完成过于乐观时、小组讨论没有规则或者有规则没有人遵守时，都需要停下来，运用有效的促动技术促进小组成员进行如下反思。

在任务进程中我们取得了哪些胜利？哪些经验是可以总结出来的？

我们的哪些行为导致任务出现了阻滞？如何避免这些行为？

哪些行为会有助于我们高效协作，哪些会让我们陷入习惯性防卫？

反思并不仅仅意味着"自我批评与批评他人",更多的是停下来,检查我们的内心,集聚能量,重新看待任务,重新打量团队,了解我们哪些地方做得好,哪些地方需要改进。

案·例·分·享

群策群力会议后,6 个月实现采购降低成本 1500 万元

采购费用几乎左右了企业获利的基础。据调研,企业如果能有效控制 3% 的材料费,可以抵得过 20% 的营业额创造的利润。在这个竞争日益激烈的时代,"开源"和"节流"至关重要。在 S 公司,一款产品的原材料成本占比约 65%。以 S 公司 2011 年的采购数据为例,2011 年年度采购总额约 4.36 亿元,采购成本每降低 1%,将直接为公司创造 400 余万元的净利润。持续降低采购成本是企业永恒不变的话题,2012 年 S 公司采购管理中心的降本目标为 1500 万元,如何才能实现这个目标呢?公司认为要重点依靠采购管理部团队的力量。因此,采购团队的成长和发展成为公司的关注重点。

于是,S 公司采购管理部负责人和骨干共 10 人,在刘总的组织下,于 2012 年 5 月召开一次为期两天的群策群力会议。会议成果辉煌。针对主题"采购管理中心如何实现降低成本 1500 万元",大家讨论输出了五大行动方向,分别是完善激励体系、优化采购流程、团队廉政建设(制度与文化)、优化采购架构和供应渠道开拓。采购管理部从这五大行动方向中挑选了三个关键方向,即完善绩效激励体系、团队廉政建设(制度与文化)和采购专业技能提升,制订了行动计划、学习计划和沟通计划(如表 7-1、表 7-2 和表 7-3 所示)。

表 7-1 S公司会议行动计划

建议	三大关键步骤	需要资源	预计成果	责任人	计划完成时间
完善绩效激励体系	制定一套适合采购系统的激励方案（团队与个体）	人力资源部提供相关专业意见	激励方案	刘总	2012年7月
	绩效激励方案宣导	人力资源部门提供组织协助	宣导会	小李	2012年7月
	季度、年度对激励方案检讨	财务部提供相关激励数据分析报告	《检讨报告》	小李	2012年12月
团队廉政建设（制度与文化）	建立采购廉政制度，与供应商签订《阳光协议》	供管部、审计部协助意见修订	《采购廉政制度》《阳光协议》	小马	2012年7月
	定期进行采购廉政文化宣导	采购管理中心各采购部门参与	案例分享	小黄	2012年7月
	采购业务行为监督	供管部、审计部参与监督	《监督报告》	小马	2012年12月
采购专业技能提升	采购培训计划	人力资源部给予相关建议	《培训计划表》	小黄	2012年6月
	建立及完善供应资源库，规范相关制度	无	《规范》《供应商资源库》	小黄	2012年8月
	收集并参与专业类行业展会	无	《展会信息收集汇总表》	刘总	2012年8月
	行业集散地供应资源收集及分析	无	《供应资源分析表》	小马	2012年8月

表 7-2 S 公司会议学习计划

姓名	学习内容	学习方式	预期学习效果
项目组全员	高效开会技术	培训课程	掌握基本促动技术，每次小组讨论均能产出行动计划
完善激励体系行动学习小组	体系建设	视频+培训课程	掌握体系建设要点，产出采购激励体系框架
项目组全员	跨部门沟通技术	视频+自学	掌握采购关键技巧，讨论出采购架构搭建行动计划
优化采购架构行动学习小组	采购技巧	课件自学+三人沟通交流	能把相关采购技巧运用在制度制定以及采购监督上

表 7-3 S 公司会议沟通计划

团队沟通计划	责任人	沟通频率	沟通方式
实时沟通	刘总	随时随地	微信，电话
行动计划进展汇报	小李	每周	微信，邮件
行动计划的时间节点沟通	小马	半个月	面对面会议
收获分享（生活、工作、学习）	小黄	每周	微信，电话

除了刘总，小李、小黄和小马都是部门负责人，刘总负责整个采购管理中心的管理并重点管理采购一部，小李负责采购二部，小黄负责工程项目办，小马负责供应管理部。

相关的行动计划、学习计划和沟通计划制订并明确负责人之后，大家便各自忙开了。在行动计划开展的第一周，大家每天下班前会在微信群里汇报进展。遇到了困难，电话沟通之外，大家也会把相关问题以及解决的成果及时发在微信群中，确保所有负责人信息互通。

对于第一周的项目进展汇报邮件，大家花了很多心思，因为刘总提前给大家做了一个邮件汇报模板,要求汇报的内容包括本周工作成果,工作中进展顺畅的地方和不顺畅的地方,一周总结。

以负责采购二部的小李的汇报邮件为例。小李提到,第一周的成果是同人力资源部进行了两次面对面沟通,并明确了调研表的设计维度;进展顺利的地方是在人力资源部2/3人员出差的情况下仍成功约到关键人物开会沟通,并拿到绩效激励相关信息;不顺畅的地方是原本计划周四就应明确调研维度,因为人力资源部经理迟迟没有反馈意见而拖到了周六;一周总结是有些事情既要放权给员工去做,也要做好跟进。

计划进入第二周,刘总发现大家在微信群里的热情度普遍降温。出差在外的小李在群里问了一个问题:"大家工作都很忙,但是我们的计划里是安排了学习任务的,如何解决工学矛盾呢?"小马说,如果是面对面的授课无法参加,可以请人力资源部提供视频来自学或者自己去网络上学。小黄也说,上次高效开会技术学习时因为自己出差,根本没有学到,现在跟供应商开会还是用的原来的方法,可以说是没方法,感觉很烦。

小黄的话引发了小李的共鸣:"我们降低成本的压力这么大,说实在的,手头的工作除了分配给下属之外,自己也是要承担不少的,不要说工学矛盾了,有时候一连出差好几天,大家在公司学什么我都参加不上。这可怎么办呢?"小马说:"其实也可以不学,有些工作靠我们的经验还是能解决的。"

刘总一直没吭声,看着大家在群里七嘴八舌地讨论工学矛盾,后面全部变成了抱怨。如果按照以前的脾气,他早打电话让发牢骚的人自己想办法了。不过,自从学习促动技术后,刘总牢记一句话——告诉引发争辩,提问引发思考。他觉得有必要进行一次面对面的总结。

第七章 行动会议第三步：行动改善

刘总翻了翻日程表，发现根据沟通计划，这周周五正好可以安排半天时间沟通行动计划节点。于是，刘总发起了号召："各位伙伴，我知道大家在项目进展的过程中碰到了一些困惑，我想我们有必要面对面进行一次沟通和反馈，请大家准备好手上关于项目进展的资料，周五我们在会议上需要进行信息分享。"

经过一番筛选，周五沟通会的参会人员确定，除了各个项目的负责人之外，还有各部门的骨干，一共10人。

由于了解到大家在不同程度上跌入了情绪低谷，所以刘总对周五沟通会要启用的会场进行了一番精心的布置。他不仅特地预定了公司的一个圆桌会议室，在桌子中间摆了几盆漂亮的小花；还准备了一些咖啡和茶叶，用投影播放"欢迎参加项目节点沟通会"的PPT，同时播放着轻快的音乐。

大家一走进会议室，就被这别出心裁的设计"震"了，瞬间放松下来。大家一阵嘻哈之后，会议就开始了。首先由刘总致开场白。刘总看了看大家，说道："今天是我们行动学习项目的节点总结会议，我们的主题是——'采购管理中心如何实现降低成本1500万元'。迄今为止，项目已经进行了半个月。在这个过程中，我了解到大家的进展各不相同，也遇到了一些问题。我们今天需要坦诚地来分享信息，然后共同思考如何进行改善，并修正下一步的行动计划。首先我想问问大家，到目前为止，我们的进展如何？参加会议的伙伴每人有两分钟分享时间。"

话音刚落，小黄就迫不及待地打开了话匣子："经过调研和分析，现在我们已经明确了采购团队的专业技能提升，需要从沟通协调能力、采购成本分析技能、跨区域采购技能、新供应商开发以及专业创新这五个方面进行。"小马说："上次学习聚焦式会话法之后，我们用这个方法分别了解大家对此廉政建设项目的理解及希望达到的目标，并综合大家的意见形成了项目一纸化管理的初稿，初稿经过两次讨论已经确定了。"其他人也纷纷分享了自己负责部分的进展。

刘总一边聆听大家的发言，一边用彩色笔把这些信息都记录在一张大白纸上。看着大家都把目光放到大白纸上，并且还在不断补充自己分享的信息时，刘总知道自己提问的方法已经起作用了。

一轮分享完毕，刘总又提出了新的问题："就目前的进展来看，大家认为我们做得好的方面有哪些？这次从小李开始分享吧。"小李翻了翻资料，心事重重地说道："做得好的，我还没有想到，我先说做得不好的地方吧……"这时，刘总马上再次强调规则："我们先分享做得好的地方，不足之处可以在下一个环节再集中分析。"小李抬头思考了一会儿，然后说道："做得好的地方是前期竭力跟人力资源部沟通，在第一周顺利拿到激励和培训等建议，带领部门5个骨干参加了体系搭建的课程，并开始着手策划。"

小黄说："当我们进行《违反采购职业道德行为规则》讨论时，大家讨论非常激烈，一方面明确公司针对违反采购职业道德行为的态度，需结合国家相关法规的要求；另一方面要考虑对员工的宣导，同时也不能与原有的《廉政管理规定》冲突。最后我们通过头脑风暴和卡片排列的方式确定方案并审批执行，不仅把前期学的工具用到了，还讨论出了成果。"小李和小黄开了头之后，其他人也纷纷讲了自己项目组在进程中做得好的地方。一张白纸写不下，刘总又写到了第二张白纸上。

接下来，刘总问了第三个问题："在前期项目进展过程中，我们做得不太好的地方在哪里？"问完之后，大家顿时就炸开了锅，七嘴八舌就要讨论起来。刘总赶紧进行干预说："先请大家把做得不好

第七章 行动会议第三步：行动改善

的写在即时贴上，3分钟之后我们再来分享。"

3分钟很快就到了。刘总请已经写好的伙伴进行分享。经过思考之后，大家在情绪上似乎平静了一些。小马说："我就一点，做得不好的是员工对行情变化的反应敏锐度低，我们在这方面的培养还不到位。"小黄说："一是前期信息收集不够，导致分析时考虑不全面；二是上周我出差了，高效开会的技术没有学到，感觉对部门开会效率的提高没有帮助。"其他人也逐一分享了做得不太好的地方，刘总让大家把这些小纸条都贴在白板上。

会议进行到这里，大家的脸上都出现了疲态，有的背靠椅子，有的开始看手机。这时，刘总让大家先休息10分钟，喝喝咖啡，放松放松，一会儿再讨论。

休息回来之后，刘总带着大家快速回顾了刚才分享的所有信息，然后说："在所有项目进展过程中做得好的和做得不好的，我们都坦诚地做了分享。这些信息对于我们来说是非常重要的，如果在接下来的半个月里，大家提到的这些问题都成功解决了，那会看到什么成功景象呢？"

小黄立刻说："那肯定就是我们的会议效率提高了，信息搜集更全面了，我们的进度也赶上来了，部门的人不用加班，大家都爽啊！"大家都哈哈大笑起来。小李也说："如果问题都解决了，那我们下一步就好办了。该出的制度都出来了，宣讲会也超级成功，员工全部领会精神，我就可以悠闲地喝咖啡了！"大家纷纷畅想起胜利景象来，顿时一扫之前的阴霾，边说边把自己想象的画面画在白纸上。刘总看着大家边说边画，一边点头，一边鼓励大家多多畅想。

经过这个步骤，刘总观察到大家基本上已经从抱怨的情绪中跳出来了，并且已经注意到未来可以怎么做的方向上。这时刘总问："既然我们希望达成这么多的胜利景象，那么在接下来的两周里，为了实现我们的愿景并且成功解决我们提到的问题，大家认为需要在哪些地方进行改善？"大家的想法又被调动了起来。大家都是学习和经历过团队共创的，于是很顺利地就将写好的卡片进行排列，并提取中心词，找出了需要重点改善的地方。接下来，大家根据改善点对原先的行动计划、学习计划和沟通计划做了修正。

看着成果已经显现，刘总松了口气，他深深感到作为一名部门总负责人，陪伴团队成长的重要性。其实，团队成员个个在采购专业方面都是身经百战的，只需要合适的、恰当的管理方式，就能让大家力往一处使。每个人在过程中有了被尊重的感觉，回到他们自己的团队中才能更好地复制给团队，从而让整个采购管理部能力提升。

这次会议之后的一个月，刘总同样带着团队对项目节点进行回顾并及时反思做得好的、做得不好的地方以及如何改善。与会的负责人在掌握了同样的方法后，在团队内部的沟通会议中也采用这样的方式，收效甚大。采购管理部上下齐心，在问题提出后的半年内，顺利完成了降低采购成本1500万元的任务。刘总非常高兴："我们整个采购团队比销售团队更带劲，团队能力迅速提升，已经是业内数一数二的水平了，我为我们的部门自豪！"

（本案例由WFA专家级认证促动师何虹谊提供）

PART
第三篇

在行动学习中修炼：
正己化人，知行合一

CHAPTER

第八章

行动学习的中西方修炼

管人必先正己，理事还需合一

从古至今，关于管理的文字浩如烟海，其作用都是想要帮助管理者认清自己的角色。管理说到底就是一个管人理事的过程，即如何把人管好，如何把事情理好。本书前面两篇一直在讲管理者为什么要掌握行动学习、行动学习的来龙去脉及应用，实际上讲的都是"术"这方面的内容。

我国自古以来就有"以道驭术"的传统，所以首先要解决人们思想层面上的问题。只要思想层面的问题解决了，技术层面的问题是可以自己解决的。所以，儒释道三家的经典常常被用于领导力之道的培训中。

在这本书里，我把技术放在前面讲，将圣人训、行动学习之道放在后面讲，原因是：行动学习本来就是一个在做中学的过程。**古代圣人有云："圣人之学，非口耳之学，乃身心之学也。"** 圣人之学，就是我们今日所讲的领导力发展之道。这种道理不是在课堂上的口耳之学，而是一种有关身心修炼的学问，是要用身体去证悟，用心去感悟才能真正学习到的学问。因此，古代的圣贤先哲其实早已告诉每一位管理者：在实践中体验证悟才能获得学问，仅仅听课是无法发展自己的管理技能与领导力水平的。

管理,本质上也是正己化人的过程,即不断修正自己,使自己的行为趋向于圣人的待人处事方式。同时,在这个过程中,管理者也能够通过言传身教,教化自己的团队成员如何做人做事。管理者,并不是公司赋予了权力的管理工具,仅仅是在代替公司下达命令,监督员工完成任务。管理者一旦开始管人,就要明白自己的使命:从开始管人的那天起,就需要注意通过知行合一,实现正己化人。

"正己化人"一词出自《太上感应篇汇编》。全篇以数个故事来阐明一个道理:"正心而后可以正己正物,心正己立,未有万物不从化者。正人必先正己也。"管理者要提升领导力,也是一个正己化人的过程:学的过程中,证悟领导之正道,从而心正己立;在领导团队发展的过程中,通过实践正道,从而让团队成员感同身受;人知敬处,即是其心化处。人们自然而然地认同企业,发自内心追随领导者,方为领导力之正道。

知行合一,出自明代浙东大思想家王阳明的《传习录》。阳明先生提出:"知是行之始,行是知之成。"领导力培养的本质与中国古代的圣人之学一致,都是要教人成为"正己化人,知行合一"的圣人。因此,领导力的培养不能只停留在老师的讲授与学员的听讲,而是要通过行动学习的方式,帮助学员在"学、问、思、辨、行"中证悟。

从雷格·瑞文斯先生提出行动学习开始,从杰克·韦尔奇、郭士纳、拉里·博西迪等众多商界传奇领袖青睐行动学习开始,行动学习已经超越了一种学习法,超越了一种学习的工具,成为组织培养领导力的第一法宝。中国企业要想推动组织发展,建立真正意义的学习型组织,打造领导力培养管道,运用行动学习来提升企业管理者能力是不二法门。

领导之道,贵在正己化人。正己之道,起于正心;化人之术,并非权术,而是管理者能够促进团队共识,推动高效行动的促动技术。促动技术是鼓励人们积极参与、激发人们归属感与创意的方式,是透过流程引领人们达成共同目标的艺术。

管理者促动团队成员相互激发潜能、智慧和创造力,使解决方案自然而然地产生,需要明道优术——明领导正道,优促动技术。

管理者在组织中实践行动学习的过程,就是实践领导正道,证悟"学问思辨,知行合一"的真谛,从而造福组织,造福个人,使人与人之间、人与组织之间的关系更为真诚和谐。

明代大儒王阳明先生的"知行合一"与行动学习

"知行合一"是王阳明先生的一种证悟,是他关于道德修养、道德实践方面的一种修行。王阳明先生认为,不仅要认识("知"),尤其应当实践("行"),只有把"知"和"行"统一起来,才能称得上"善"。

按照通常的观点,如果要做一件事情,一定要先知道如何做,也就是一定要有关于这件事的知识,然后才可能去做这件事,所以,我们通常都会认为,"知"是在先的,"行"是在后的,"知先行后"几乎就是不可动摇的常识了。

王阳明先生认为,这种流行的"知先行后"的观点实际上是大有问题的，特别是在关于道德的实践上，问题会变得更为严重。为什么呢？他解释说，如果强调"知"必须在"行"之先，那么在实际生活中，非常有可能出现的情况就是：人们只强调了"知"的重要性，却忽视了"行"的重要性；由于"知"本身是没有止境的，所以甚至有可能要花一辈子的时间去"知"，却完全没有去"行"。王阳明先生认为，要改变这种只讲"知"而不讲"行"的毛病，就必须要提倡"知行合一"。

王阳明先生强调说："知之真切笃实处即是行，行之明觉精察处即是知。"他认为，"知"是"行"的开端，"行"是"知"的完成，"知行合一"才叫作有始有终，才体现为一个完整的知识过程。

总结起来，知识不仅仅是在理论上有它的意义，还一定要还原到生活的实践当中才能够真正体现出它的价值。这就是"知行合一"最重要的内涵。

在行动学习的过程中，不仅聚焦的问题来自组织的实践，采取行动也是行动学习项目落地非常关键的一步。其间，小组成员或合作或独立工作，为的就是收集相关信息，搜寻支持要素，执行获得通过的行动方案。此外，小组成员还会针对相关问题进行反复聚会、研讨、学习、反思和行动，直到认定的困难、问题被解决。

王阳明先生认为，知行是一回事，"知中有行，行中有知"，不能简单地分为"两截"。他说："知行原是两个字，说一个工夫。"王阳明先生一生培养了许多领域的人才。在他看来，对于人才，尤其是管理一方的官员来说，道德教育尤其重要。阳明先生极力反对道德教育上的知行脱节及"知而不行"；突出地把一切道德归之于个体的自觉行动，这是有积极意义的。

因为从道德教育来看，道德意识离不开道德行为，道德行为也离不开道德意识。二者互为表里，不可分离。知必然要表现为行，不行不能算真知。道德认识和道德意识必然表现为道德行为，如果不去行动，就不能算是真知。

王阳明先生认为："良知，无不行。"而自觉的行，也就是知。这无疑是有其深刻之处的。行动学习中的行动则代表"行"，学习则代表"知"，与王阳明先生提出的"知行合一"不谋而合。

王阳明先生提出："知是行的主意，行是知的工夫；知是行之始，行是知之成。"行动学习的理论基础之一是库博的经验学习圈，即人们往往是在具体的实际体验中，通过细致的观察和深入的反思，形成抽象的概念和原理，继而在新的情景下应用该概念和原理，进行新一轮的实际体验。经过"学习中体验，体验中又开始新的学习"的不断"知行合一"，王阳明先生的"知行合一"理论在现代的行动学习中不断得到新的诠释，一切都是这么顺其自然。

王阳明先生所倡导的"知行合一"是现代行动学习方法的思想基石。如果说行动学习是"术"，那"知行合一"便是背后的"道"。在现代社会，组织与个人如何超越自我，活出生命的意义呢？仅仅掌握行动学习法是不够的，更要从经典中汲取营养，参悟背后的"道"——知行合一。

中国古代学习思想与西方行动学习实践

管理者进行行动学习，着实是在回归学习的本源。汉语中的"学习"二字，究竟是什么含义呢？

《辞源》指出："学"乃"仿效"也，通过观察、模仿、复制、内化来获得知识；"习"乃"复习""练习"也，即通过复习巩固来提升个体的能力，以便能够适应现实的自然环境和社会环境。

其实，"学习"一词，早在两千多年前就已经在我国出现了。春秋战国时期的《逸周书·时训解》说："小暑之日，温风至。又五日，蟋蟀居辟。又五日，鹰乃学习。"稍后的《礼记·月令》则说："季夏之月，鹰乃学习。""鹰乃学习"指小鹰跟着老鹰学拍翅膀，练习飞翔。

甲骨文中原始的"学"字就字形而言，可以理解为大人双手持爻，以教膝下之子，也可以理解为小子双手捧书学于大人膝下。

再来看"习"字。甲骨文中最早的"习"字刻画的是一双翅膀，就是现代羽毛的"羽"字，本义是"初生的小鸟拍打着翅膀反复地试飞"。晋代左思《咏史》中有"习习笼中鸟，举翮触四隅"之句，形象表达了小鸟在笼中学飞的情形。许慎在《说文解字》里说："习，数飞也。"郭沫若认为，"习"字"分明从羽，从日，盖谓禽鸟于晴日学飞"。"习"字的原始意义就是"反复地练习、演习"。

第八章 行动学习的中西方修炼

最早把"学"和"习"按现代意义联系在一起的是孔子。《论语》开篇有一段话:"子曰:学而时习之,不亦说乎。有朋自远方来,不亦乐乎。人不知而不愠,不亦君子乎。"

这段话翻译成现代的语言如下。孔子说:学习了新的知识后,时常温习,不是会感到很愉悦吗?有志同道合者从远方来,不是很令人高兴吗?人家不了解我,我也不怨恨、恼怒,不是君子应该持有的态度吗?

在这段话中,孔子描述了学习的全过程:通过获取知识并且反复练习获得愉悦的体验;通过与同学、朋友的交流获得快乐的体验;通过争辩进一步发现真理,允许不同意见存在,展现君子的自信、大度。

由此可见,在学习活动中,获取知识仅仅是最基础的一个环节,而思考、实践、交流、研讨、行动则是更重要的环节。学习不仅仅是为了获取知识,更是一个实践的过程。

这就是学习的本来意义。

孔子的孙子子思在《礼记·中庸》提到的"博学之,审问之,慎思之,明辨之,笃行之",这不就是行动学习的完整版公式吗?

L=P+Q+R+D+A,即学习 = 知识导入 + 提出有洞察力的问题 + 反思 + 小组讨论 + 行动。

其中,L=Learning,意为"学习";P=Programmed Knowledge,意为"程序性知识",Q=Question Insight,意为"有洞察力的问题";R=Reflection,意为"反思";D=Discussion,意为"讨论";A=Action,意为"行动"。

被西方公认为"行动学习法之父"的雷格·瑞文斯先生的公式更精简一些:L=P+Q。它道出了学问的真谛:学习就是"学知识 + 提问题"。南宋理学集大成者朱熹在公元1179年出任南康太守时,重修白鹿洞书院制定的《白鹿洞书院学规》中早已提出:"学、问、思、辨,四者所以穷理也。"

古今多少智者,早已遥相感应。

管理学大师彼得·圣吉在《第五项修炼》中谈到成为"学习型组织"的关键:一个好的促动师(即过程顾问)非常重要。而中国古代对于师道及教学方法的系统论述,始于公元前四至三世纪,约在战国晚期。

中国最早的体系极为严整的教育专著是《学记》,为《礼记》中的一篇。据郭沫若考证,作者为孟子的学生乐正克。全篇20节,1229个字,语言精辟,言简意赅,比喻生动,系统而全面地阐明了教育的作用和目的任务,教育和教学的制度、原则和方法,教师的地位和作用,在教育过程中的师生关系以及同学之间关系,与《大学》相为表里,故甚为宋代理学所推崇。

《礼记·学记》云:"故君子之教,喻也。道而弗牵,强而弗抑,开而弗达。道而弗牵则和,强而弗抑则易,开而弗达则思。和易以思,可谓善喻矣。"意谓君子教导学生,应该引导学生而不强牵着学生走,勉励学生而不抑制他们的进取精神,开导学生而不把话说透。引导而不威逼,学生就不会有抵触情绪;鼓励而不抑制,学生就会感到亲切;开导而不把话说透,就会启发学生思考。能使学生没有抵触情绪,使学生感到亲切,并且能启发学生思考,这可以称得上善于引导学生。行动学习中的促动师正是这样一种善于运用促动技术引导团队成员的老师。

唐代大学问家韩愈在《师说》中说道:"古之学者必有师。师者,所以传道授业解惑也。人非生而知之者,孰能无惑?惑而不从师,其为惑也,终不解矣。生乎吾前,其闻道也固先乎吾,吾从而师之;生乎吾后,其闻道也亦先乎吾,吾从而师之。吾师道也,夫庸知其年之先后生于吾乎?是故无贵无贱,无长无少,道之所存,师之所存也。"因此,在古代中国教育中,师的含义绝不止讲授知识这么简单,并且老师也不是高高在上的一种角色,而是教学相长,既传大道,也教授方法,并通过各种方式使学生能够开悟。

第八章 行动学习的中西方修炼

行动学习与中国传统教育可谓一脉相承：行动学习佐证了中国教育的源远流长和博大精深，而传统的中国教育思想则是行动学习的思想土壤和现实支持。行动学习是知行合一，并且是递进式的知行合一。

除了理论准备，欧美各国早已开始行动学习的实践。雷格·瑞文斯先生是天体物理学博士。他1983年曾对管理者如何学习有一段精彩的解读："学习在不同专业特长的人的团队中进行，每个参与者会一次又一次地发现自己陷入'山谷'……其他人会通过不同视角的询问、分享，从而激发一个人更清晰地认识反思'做的结果'，以及'事情是怎样做的'；促动师提出有洞察力的问题，传授成型结构化知识，促使参与者形成新的行动对策。"

行动学习首先在英国产生影响，后逐渐传播到澳大利亚、加拿大、美国。在美国通用电气公司1975年成功采用行动学习方法之后，它开始引起世界的广泛兴趣。

随着企业经营环境更加趋于复杂多变，对管理人员的自我学习能力的要求越来越高，加上行动学习又具有适合成人学习的特点，越来越多的大学、培训机构、企业开始使用行动学习方法。美国密歇根大学在其国际领导培训项目中使用行动学习方法。哈佛商学院迈克尔·波特教授主持的公司领导人培训项目中也使用行动学习方法，吸引了众多世界500强企业的管理人员参加项目学习。

行动学习法就是透过行动实践学习。行动学习之于商业管理方面的基本概念是：经理人们获得管理经验的最好方法是通过实际的团队项目操作，而非通过传统的课堂教学。行动学习法的目的不仅是为了促进某一具体项目或个人的学习发展，更致力于推动组织变革，将组织全面转化成"一个学习系统"。

我们可以将行动学习的循环视为：知识获得—体验式学习—复杂问题

解决—团队协作学习—新知内化为个体新经验及组织智慧（回到第一步：知识获得）。

关于"学习"的思想与观点，中国人早在两千多年以前就阐述得很清楚：学习＝获得知识＋反复实践。所以，我们可以认为：行动学习思想＝中国古代"学习"思想。

行动学习：管理者自觉觉他的修炼过程

管理实则是个自觉觉他的过程。行动学习的过程强调反思，强调小组成员相互促进，这其实对管理者有一种养成反思习惯的要求，同时又需要管理者养成关注小组成员成长，觉察团队成员当下的状态的需求的习惯，这对管理者来说，实则是一种"自觉觉他"的修行过程。

自我觉察：每日反思自己在团队中的行为

我今天促进团队发展的行为有哪些？

第八章 行动学习的中西方修炼

我今天阻碍团队成长的行为有哪些？

我在团队中建立的规则，有哪些是我说到做到的？

我在团队中建立的规则，有哪些是我说到却没有做到的？

觉察团队：关注团队成员内在的深层需要

团队成员需要我给予哪些支持？

团队成员需要何时进行互动交流？

团队成员有哪些需要给予鼓励的地方？

团队成员有哪些需要改善的地方？

我如何有效给予团队成员合适的建议？

中国历代有无数关于身心修炼、学习思想与学习方法的论述，而西方人擅长将思想转化为可执行的流程，行动学习法目前还没有被大多数中国企业组织了解与应用，大部分企业生硬地将管理者学习理解为"上课"，只停留在古老的学习含义中的"学"而不能自拔。

技术会不断更新发展，几千年来人类文明的进化，凝聚人心之道，仍然历久弥新。"学而时习之，不亦说乎"，这句至理名言至今仍不过时。这也是世界500强企业中，无论什么行业，行动学习都成为培养管理者、促进团队能力与绩效双提升之第一法宝的原因所在。

后记

促动一下，让会议轻松有序高质量

这本书可能会让各路行动学习专家与专业Facilitator挑出很多毛病，请包涵。说实话，我写书的初衷在于管理者能简单、快速地应用行动学习和促动技术，不在乎这本书有多专业。

行动学习，从字面上看，似乎在讲学习，实则是讲管理者促进团队能力与绩效双提升的方法。然而，因为有"学习"二字，许多企业家、管理者看到之后都会把它丢到一旁，只去追捧那些如何快速提升业绩的"短、平、快"方法。实际上，这些短平快的方法大多都是噱头，听着有理，实则无法实施。而行动学习、促动技术，听着平淡无奇，却能在3～6个月里实施落地。

所以，如何在中国管理者中普及行动学习、促动技术，是WFA的头等大事。管理者会多，同时大多数管理者开不好会，这是个大难题。不开会，问题解决不了；开会，问题也解决不了。这导致了管理者无法有效运用会议这个绕不开的管理活动，快速聚焦问题，激发团队智慧，导出行动计划。

行动学习其实也是一系列的小组会议。只要是会议，就离不开聚焦问题，有效对话，连接智慧，导出行动计划。所以，WFA 的伙伴们开始致力于在管理者召开的各种会议中导入行动学习、促动技术的理论和方法，让管理者们在会议中学习，在学习中行动；让管理者们体会到行动学习、促动技术不是什么难事，不仅掌握起来容易，还能在团队中快速应用。

促动的过程形式多样，但书中的九种促动技术都非常注重轻松的会议氛围营造。通过步骤与架构保证会议的有序，而基于心理学与行为学的环节设计保障了会议成果的高质量。所以说，管理者要想实现团队能力与绩效的双提升，绕不开实施有效的会议与学习活动，有效的会议与学习绕不开促动技术。

那就一起来促动一下，让会议变得轻松有序高质量！

于杭州·临安·观心斋

参考文献

1. 达夫·尤里奇,史蒂夫·克尔,罗恩·阿什肯纳斯. 通用电气案例——"群策群力"的企业文化 [M]. 柏满迎,牟未丹,史鹏,译. 北京:中国财政经济出版社,2007.

2. 雷格·瑞文斯. 谁该为你的行动加油?——发展行动学习 [M]. 黄鸿程,廖勇凯,译. 台北:小知堂文化事业有限公司,2003.

3. 张鼎昆. 行动学习——再造企业优势的秘密武器 [M]. 北京:机械工业出版社,2005.

4. 朱迪·奥尼尔,维多利亚·J. 马席克. 破解行动学习——行动学习的四大实施路径 [M]. 唐长军,郝君帅,曹慧青,译. 南京:江苏人民出版社,2013.

5. 顾增旺. 行动学习——组织能力提升新境界 [M]. 南京:江苏人民出版社,2010.

6. 杰克·韦尔奇,约翰·拜恩. 杰克·韦尔奇自传 [M]. 曹彦博,孙立明,丁浩,译. 北京:中信出版社,2013.

7. 拉里·博西迪,拉姆·查兰. 执行 [M]. 刘祥亚,译. 北京:机械工业出版社,2003.

8. 罗伯特·卡普兰,大卫·诺顿. 平衡计分卡——化战略为行动 [M]. 刘俊勇等，译．广州：广东经济出版社，2004．

9. 彼得·圣吉．第五项修炼——学习型组织的艺术与实务 [M]．郭进隆，译．上海：上海三联书店，1998．

10. 英格里德·本斯．引导：团队群策群力的实践指南 [M]．任伟，译．北京：电子工业出版社，2012．

11. 唐一源．探索大脑 优化人生 [M]．北京：科学出版社，2009．

12. 比尔·麦格恩．提问吧！[M]．陈然，娜仁花，译．北京：中国商业出版社，2010．

13. 布莱恩·斯坦菲尔德．聚焦式会话艺术——在工作中获得集体智慧的100种方法 [M]．杜文君等，译．上海：复旦大学出版社，2013．

14. 布莱恩·斯坦菲尔德．共识建导法——从个人创造力到集体行动 [M]．杜文君等，译．上海：复旦大学出版社，2013．

15. 普利希拉·威尔森．建导型方法——有所作为的领导艺术 [M]．杜文君等，译．上海：复旦大学出版社，2013．

16. 劳拉·斯宾塞．成于众志——用建导参与方法迎接企业变革的挑战 [M]．杜文君等，译．上海：复旦大学出版社，2013．

17. 朱安妮塔·布朗，戴维·伊萨克等．世界咖啡——创造集体智慧的汇谈方法 [M]．郝耀伟，译．北京：机械工业出版社，2010．

18. 大卫·库珀里德，黛安娜·惠特尼．欣赏式探询 [M]．邱昭良，译．北京：中国人民大学出版社，2007．

19. 哈里森·欧文，开放空间科技——引导者手册 [J]．吴咨杏，译．开放智慧引导科技，2006．

20. 陈雪频．"私人董事会"助力企业一把手 [J]．商业评论，2013（4）．

21. 董平．传奇王阳明 [M]．北京：商务印书馆，2010．

推荐语

■ 企业家推荐

将战略思想转化为行动计划是每位管理者最想做的事，但遗憾的是行动计划有时很难如愿落地。当接触到促动技术和段老师讲授的全员行动学习课程之后，我感触很深，特别是让参与者全员投入，敞开心扉，表达意愿，献计献策这一点。肢体、语言与心灵的联动，目标、结果与荣誉的连接，结出了深刻领会、落地执行的硕果。以后会继续将它们引用到各种培训会议中去。

——红蜻蜓集团董事长 钱金波

开始叫段老师甚是介意，因为她比我小很多；看她弱不禁风的样子，一直担心得想为她祈祷。但是，在课堂上，不管我如何横冲直撞，引据穷理，输的却总是自己。后来，静思段老师为什么总能驾驭很难、很复杂的问题和场面，原来真正的力量源于心灵，而段老师刚好从来都是用至正、至纯的心灵与世人对话。强或弱，赢或输，就不在此境中了。段老师的事业正如其公司名正己化人，造化的是心灵，而后才是成事。深深地感激段老师对万绿达事业的付出，明天将百江归流，未来馆的事业等着您更壮丽地呈现！

——万绿达集团董事长 李远峰

在任何一个组织中，真正的沟通往往是困难的。正因为每个成员都有自己的组织身份和身份语言，所以会禁锢沟通的角度和方式。促动会议模式化地打破了我们的日常沟通角度，从而产生了新的沟通动力和创造动力。

——上海世博会零碳馆馆长 / 零碳中心 CEO 陈硕

企业创始人推荐

第一次接触"世界咖啡",给我的便是惊喜,让我找到了一种能高效开会的方式。后来不断深入接触,我发现了这里面的神奇:"世界咖啡"不仅能让我高效地召开会议,还能让我在公司招人面试和各种交流中用到,不仅可以达到聚焦的效果,更重要的是能深度挖掘智慧连接。

——学易优网/校长邦创始人　汪义庭

我在创业和投资过程中遇到过一个很大的挑战,那就是如何快速高效地让大家就一个问题达成共识,然后分头行动。这是因为,一方面,创业本身就是做一件之前没有人做过的事情,到底怎么做,没有确定的答案;另一方面,创业伙伴、投资人等都是速配的,即使之前认识,但一起做事情,一起承担巨大的责任和压力还是头一回。这时候,非常需要一项技术或者一种工具能够帮助大家。后来发现,促动技术是一种很好的工具,有助于大家各抒己见又不会乱套。

——客品互通信息技术(上海)有限责任公司联合创始人　付利军

行动学习不仅是企业学习方式的突破,也应该是企业管理方式的重要突破;不仅要求企业的培训管理者成为促动师,更应该要求企业管理者掌握促动技术。只有这样,群策群力和无边界的管理文化才能最终达成。段老师和正己化人的精英团队矢志推动行动学习理念在企业学习和企业管理中落地,是一件功德无量的大好事!

——易中优学创始人　易斌

很上品——企业家 MBA 和 EMBA 等重培训业态热有点退了,更多的人开始选择行动学习工作坊、行动学习项目和私人董事会等社交和学习相结合的轻学习业态。"企业大学热"在兴起,其中受欢迎的项目有四个:课程设计、行动学习、教练技术和绩效改进。我们发现,它们都是基于建构主义和U型理论的,其内核都离不开促动技术。促动技术很潮、很性感、很上品。

很上心——行动学习是发挥群体智慧的最佳方法。在多位促动师的促动下,参与者脑洞大开,脑波同频异屏共振。移动互联网高歌猛进,移动学习、MOOC、翻转课堂、混合教学等多种新生教学业态,改变了学习者的心智模式,打开了学习者的思维空间。行动学习、促动技术让每位参与者上心。

很"上当"——"上当"是因为很上瘾。你会发现,学习、工作、生活都可以碎片化地应用促动技术。促动技术是一种生活方式和思考方式，你离不开她，她真的很美，很温柔，很善良，很天真……我爱她，不"上当"不行！

——校长邦/全民竞赛网联合创始人　施伟仪

活动在愉快、激烈的讨论中快速进行，结束的时候，20个人才意识到，大家在整个活动中的收获远远超过预期。成果，与促动技术的应用不可分。

——上海"千人计划"专家/上海世优信息科技有限公司创始人　丁怀舟

行动学习逐渐模糊了学习与工作的边界，学习的场合就是在解决工作上的问题，而工作的现场也是在践行学习的成果，实现了组织目标与个人目标双发展。当行动学习的工具、流程、方法、思想都已经成为企业DNA的时候，那么它将极大地优化企业的文化、组织结构、业务流程以及管理能力，最终让企业在面对未知世界时，能够有强大的信心和能力去创造机会、赢得竞争。

——南京迈伯企业管理咨询有限公司创始人　徐放兵

企业高管推荐

有一种方法，能让执行变得简单；有一种工具，能让创新来得便捷；有一种理念，能让团队变得高效。这是行动学习的魔力。从导入、实践到坚持，老板电器的事业经理人们正是通过行动学习的各种方法，成就了业绩连续多年的高速增长。同时，老板电器连续多年的行业领先，行动学习功不可没。行动学习已成为团队共创提升的最佳途径，让我们一起拥抱行动学习。

——老板电器电子商务CEO　蒋凌伟

当今市场面临着新的挑战，尤其是作为国内经济重灾区之一的温州，在企业人才培训与发展方面更是艰难与挑战并存。而我们作为温州本土的培训机构，非常有幸能认识WFA的老师们，也非常欣喜地能接触到促动技术。目前，"80后"已经逐渐成长为企业的中流砥柱，"90后"也越来越多地进入了企业。无论是"80后"，还是"90后"，他们都不喜欢被他人管理与命令。促动技术让我们真正懂得了相信团队能量，打破沟通障碍，彼此简单真诚交流，达成共同的目标。行动学习促动技术是一门人人都要学习的技术。

——温州赛格教育技术中心原副总经理　徐延菲

■■■ 企业大学推荐

我由衷推荐段泓冰老师的这本《赢在行动学习》，理由有三：首先，案例真实接地气，简直就是真实的工作场景，你要用的话，直接照着案例操作即可；其次，内容全面通俗，把行动学习的核心技法做了系统介绍，可成为研修行动学习的第一本书；最后，图文并茂，文字亲民易读，漫画形象，概括性强且准确。我坚信此书会成为各位修炼行动学习的得力助手！

——联想集团大联想学院原院长　孔庆斌

在移动互联网时代，企业组织管控模式从金字塔结构向网络化结构转型，从威权管理向民主管理升级。在这一转型与升级的过程中，让员工参与管理，甚至参与决策，已经日益成为主流。这是知识型员工的春天，也是行动学习的春天。行动学习之所以日益受到追捧，归根结底在于它是促进员工参与经营管理、激活员工内生智慧、加速企业创新发展的不二法门。

——奥康大学领导力学院院长　李金来

行动学习让团队伙伴成为团队学习与问题解决的主体，让领导成为促动师陪伴团队伙伴探索与成长。行动学习让大家以高度的热情聚焦问题，在真诚对话中贡献团队智慧，以达到问题的创新与聚焦式解决，并促进他们自觉自愿地承担起小组项目后续行动的责任。行动学习应该成为爱慕学院的一种重要学习模式，应该成为爱慕领导干部必备的促进团队业绩提升的工作方式。

——北京爱慕内衣有限公司爱慕学院副院长/WFA北京分会理事会员　曾茜

行动学习让团队伙伴聚焦问题、真诚对话、智慧互联、群策群力、触动心灵，在轻松快乐中共同经历，达成共识。促动技术将多种心理技术和培训技巧完美结合，它的运用将突破常规会议中的行政命令手段，以及常规授课模式中学与行的连接。促动技术在企业中应用的优点很难用语言表述，只能让每个人亲身体验。未来，它将是所有公司中高层管理者必须掌握的一门技能。

——红蜻蜓市场运维总监/红蜻蜓商学院执行院长　余爱飞

互联网时代正在深深影响和改变着企业的组织生态和学习生态，更多地倡导平等、共享共创，参与式管理将成为主流方向，未来十年将是行动学习和促动技术大有"用武之地"的时代。几年前开始亲密接触行动学习和促动技术，让我找到了一种拉近学习与工作距离的重要方法。几年来，我矢志不渝地在中广核内部推动着大家去认识和应用它们，并凝聚了一批坚定的"促粉"。应用行动学习和推广促动技术已成为中广核创新学习技术和变革学习模式的重要方向之一，让员工学习更接地气，让学习更有效地服务于企业发展。

——中广核大学管理学院副院长　张熙军

行动学习通过聚焦企业内部真实问题，组织团队学习、行动改善，以达到提升员工能力、促进组织发展的目的。这种学习模式能够帮助企业降低培训成本，并且持续改善企业内部经营管理的问题。它让公司各领域各层级的知识经验得到共享，跨部门在研讨与交流中达成共识；更重要的是，它让管理变得更轻松有效，让管理者学会真正的聆听、提问、反馈，并陪伴员工共同成长。未来企业的可持续发展，需要行动学习，更需要掌握促动技术的管理者，让我们共同努力吧！

——雷士商学院原执行院长　杨琳

促动的魅力是：在不确定中找到最好的方案，在没有控制中获得最好的学习。

——蒙德学院院长　尹玉

企业人力资源与培训管理者推荐

促动技术为 HR 和管理者提供了一套容易操作且行之有效的工具方法，引导学员通过行动学习的方式主动积极参与讨论、达成共识，特别适用于倡导平等、开放、分享、透明的氛围。

——支付宝组织发展项目经理　穆雪飞

博学，WFA 突破传统的培训模式和思维框架，让参与者传播互动、行动学习！审问，促动技术提升了团队成员对问题的发现、探究、共享、共识、共创能力！慎思，促动师带领我们走过五个阶段，让我们静心、反思、觉察、内观，自我升华！明辨，让管理者改变观念和工作方式，激发下属潜能、自动自发地运用促动技术引领团队前进！笃行，从高层管理至基层员工，小到会议主持，大到愿景目标，所有人知行合一、齐心向前，企业获得了无价的收获！

博学之，审问之，慎思之，明辨之，笃行之！这些是我们对 WFA 的感悟与总结。

行动学习、促动技术已是公司蓬勃发展的推动器！它让管理变得简单，使员工更加真诚，将绩效提升更快！

——罗格朗（惠州）人力资源总监　刘庆波

促动与管理工作相结合，使工作推行简单、易行，同时促进团队成员自我意识、能力提升，无形中提升了管理者的价值。

——武汉微创光电股份有限公司人力资源总监　李真

接触了行动学习，才知道更重要的是团队协作；接触了促动技术，才知道更重要的是倾听。促动师的角色是协助团队成员相互协作、相互支持、互相学习和探讨，真正发挥团队成员自己的价值，激发团队成员主动参与，形成集体智慧。成为一名好的促动师，是我努力的方向！

——武汉库玛华中百货有限公司行政人事经理　杨艳红

促动技术让我遇到的很多培训难题得都到了优化解决，现在是我最喜欢用的工具，因为它会帮助我建立以人为中心的真诚对话，高效解决企业问题。

——福建文创科技股份有限公司行政课经理/WFA泉州分会（筹）会长　曾国辉

如果把行动学习仅仅理解为一种培训方法，那可是"捡了芝麻丢了西瓜"。行动学习能够快速凝聚群体的智慧，能够让大家在畅所欲言的同时有效达成共识及共行；行动学习是打破传统企业官僚作风的一把利器，是推动企业变革转型的催化剂；行动学习，I WANT YOU！

——维科控股人力资源部部长　林奕专

▰▰▰企业中基层管理者推荐

行动学习这样的形式，让我看到很多之前不发言的店长都积极发言，贡献自己的意见，展现了他们才华的另一面，非常好。

——三福百货西南大区东南分区　谢经理

第一次接触这样的技术，感受到集思广益的魔力。回去以后，下周一例会针对国庆促销，我就采取团队共创法，让所有员工都参与进来。

——三福百货　张店长

终于参加了一个不想睡觉的培训，还都是我们自己的意见，感觉我们的力量真强大。

——三福百货　石店长

咨询顾问、培训师、促动师、教练推荐

行动学习能够有效地激发群体智慧，解决组织的实际问题。咨询项目因此落地。不管是面对股东、合作伙伴、管理者，还是普通员工；不管是处于创业期、转型期，还是成熟期；行动学习都是企业可持续发展的法宝！

——高管教练/创业导师　倪彩霞

行动学习、促动技术，可以把传统的培训内化成改善计划或行动计划，彻底打破了"培训时激动，回到家一动不动"的魔咒。

——常州鑫淼淼管理咨询公司总经理/WFA常州分会会长　范晓静

行动学习突破了传统培训中学与行"两张皮"的藩篱。如果说促动技术是行动学习的躯干和四肢，那么促动师就是行动学习的大脑和灵魂！祝愿WFA成为更多"促粉"学习成长的快乐家园，更多企业发展进步的良师益友！

——WFA徐州分会（筹）会长　梁山

接触WFA后，我变了，变得懂得聆听、懂得接纳，因而越发期望更多的人拥有和谐的关系，好好经历享受短暂的一生，越发愿意与每一位有缘人同行共建。

——学习会德鲁克贵州原项目经理/WFA贵州分会（筹）会长　王溪

行动学习让人与人之间没有距离，让人与人之间更乐于互助，让人与人携手成长。

——武汉品创管理咨询有限公司HR聘创始人　石磊

行动学习,让我在助人的过程中得以更全面地反观自己,创建与更多人的情感链接,在知识和技能的创新发展中不断完善自我。

——中国电信杭州分公司签约 EAP 专家 /WFA 杭州分会会长　沈蓦

遇到行动学习和促动技术之后,我发现了上帝打开的一扇窗,更多新鲜空气迎面扑来。我在企业内外实践和应用,发现行动学习和促动技术对创新或解决组织问题真的有效,促发组织原动力;在践行过程中,我也发现了真正的自己。

——人社部中国职协高级促动师 /WFA 上海分会会长　金沙浪

行动学习在中国正当时:学员渴望一种全面参与的学习方式,企业需要针对实际问题来提升员工能力,组织需要一种从下而上的变革方式!我相信行动学习即将导入并改变越来越多的企业!

——WFA 高级认证促动师　魏丽

在团队中运用促动技术来管理,一个简单的步骤就能提升员工的参与性,让每个人的想法都能表达,并且兴高采烈为行动负责。我不仅促动了别人,更促动了自己!让每个人的想法都能表达不是件容易的事情,让一个团队达成共识共同前进更不是件容易的事情,但是在促动技术运用的现场,我们经常听到团队兴奋地说,我们做到了!

——人社部中国职协高级促动师 /WFA 专家级认证促动师　何虹谊

我在不同国家背景和不同行业的知名企业工作了十年后,开始专注于为企业提供以行为改变为基准的人才培养方案和培训课程。当我开始接触并逐渐掌握、运用行动学习促动技术后,这无疑令人欣喜,因为它十分有助于解决企业人才培养中的核心问题!与此同时,WFA 这个平台对行动学习促动技术的专注、包容、开放、助人的态度和做法令人赞赏和亲近。相信本书和所有热爱行动学习的人士会让更多企业了解并采用行动学习促动技术,更高效地培养企业需要的人才!

——WFA 认证高级促动师 / 人社部中国职协部高级促动师　李墨

世界咖啡是非常有效的共同学习方法,主持人和参与者一起深度汇谈,创造集体智慧。这一学习方式与移动互联网倡导 O2O 的学习思维非常吻合,每一个参与者都是学习的源头，充分体现了"大众教育大众"的共学理念。作为一名践行者，我已经将世界咖啡应用于领导力共修、战略目标制定、管理技能提升、会议效能提升、工作问题解决、读书会、职业发展规划、企业文化培训、培训需求调研、内部课程开发等主题方向，深受企业客户的好评。

——世界咖啡应用学习顾问　周希奇

实践证明，行动学习是助推企业业绩提升最有效的方法之一。行动学习的魅力在于运用集体智慧，通过共享、共识、共行，有效地解决企业的真实问题，并使参与者得到成长与发展。

——杭州驰渡企业管理咨询有限公司总经理/WFA F5 认证促动师　张小燕

■ 高校教授、管理者推荐

促动技术能够通过有序的引导，使得人与人之间进行真诚、深入的对话，极大地丰富了研讨成果。促动技术在我们培训课程、咨询项目中的大量运用，能够让顶尖的教授与学生，以及学生与学生之间的智慧进行链接和碰撞，从而形成富有实效的行动计划。知行合一，一直是我们教育工作者的追求。促动技术和行动学习就是一种能够做到"知行合一"的有效方法。

——复旦大学管理学院高级顾问　马佳妮

我是 WFA 的后来者，也是 WFA 亲学亲历的践行者。这不仅因为我接触 WFA 很晚，还因为 WFA 从根本上改变了我的教育观！

我对行动学习的认知，至少经历了四个阶段：

第一阶段，"看山不是山"。望文生义，直奔行动学习而去，期待其非教育业内的"它山之石"可以攻教育这块璞玉。当然，在初步接触 WFA 的初阶之后，这个点位圆满达成——行动学习确实可以改良今天沉闷的课堂氛围。

第二阶段，"看山都是山"。因"反叛"概念学习而生出渴望，加之 WFA 技术的全新诠释，恍然间有了一种开窍初醒的感觉，以为行动学习足以"颠覆"传统教学，是教育改革的捷径和良方。这段时间，自己言必称行动学习，尝试用行动学习这把钥匙，来开教学诸环节的各种锁，仿佛也能转动锁芯。

第三阶段，"看山不似山"。在经历了套搬阶段之后，我的行动学习理论受到了我的学生的挑战。他们总是问我：老师，行动学习真的能无坚不摧、逢凶化吉吗？

我意识到，行动学习之于教育而言，远不是表象的改变就能动摇的，需要从教育本源的视角去重新解读，深度解读。因此，我进入"静默"沉淀期，意在探究行动学习对于教育改革的边界所在。

最新的阶段，"看山还是山"。用我在指导研究生给出的定义："行动学习的引进，为现代教育打开了新的一扇窗，不仅让我们呼吸到窗外的清新，也见识了窗外的明媚，更对接了自然的生态观。"这里的清新是对教育方法论的改良，这里的明媚是对教育属性的延伸，而这里的生态观，才是真正有可能实现教育自我颠覆的回归式革命。

感谢 WFA。

——北京师范大学教授／张江 STEM 俱乐部总 X 协调人　刘党生

聚焦提问显问题，群策群力解难题，团队共创寻创新，行动学习真实用，循环运用收获多。

——常州铁道高等职业技术学校成教部　吴剑

公益组织管理者推荐

促动技术与行动学习为社区治理、社区参与、社区营建提供一种新的工作方法。这种方法将极大调动社区居民的参与热情，使他们从社区的被管理者变成社区问题的参与者，从而能够使"我为人人，人人为我"的理念真正贯彻。

——上海飞扬华夏公益事业发展中心副总干事　封曙历